大谷翔平とベーブ・ルース

2人の偉業とメジャーの変遷

AKI猪瀬

角川新書

はじめに

ルースは、野球選手ではありません。彼は世界的な有名人であり、国際的なスターです。彼が引退してからは、彼のような選手は、野球界に存在していません。

（1999年放送 SportsCentury より 拙訳）

55シーズンの長きにわたり活躍し、2010年5月4日、92歳で亡くなったメジャーリーグ（MLB）を代表する名実況者アーニー・ハーウェルは生前、この言葉を残した。もし、ハーウェルが大谷翔平《おおたにしょうへい》の活躍を見届けることができたならば、どんな言葉を紡ぎ出しただろうか。

ベーブ・ルースが史上初めて同一シーズンで二桁《けた》勝利、二桁本塁打を記録したのは1918年である。この年、ルースはキャリア初となる本塁打王を獲得した。ボストン・レッドックスからニューヨーク・ヤンキースに移籍し、野手専任になった20年は、MLB史上初となるシーズン50本を超える54本塁打を記録。このシーズンでのルースに次ぐ本塁打数が、セントルイス・ブラウンズ（現ボルチモア・オリオールズ）のジョージ・シスラーが放った19本塁打だったことを考えると、いかに突出していたかがわかる。

そして２０２２年。大谷翔平が、ルース以来、１０４年ぶりとなる二桁勝利、二桁本塁打を記録した。さらには、ルースも成しえなかった、規定投球回、規定打席の「ダブル規定到達」も史上初めて達成し、ファンを大いに沸かせた。

総合的に見れば、ルースが残した偉大な足跡と、現時点での大谷を比較することにまだ意味はない。しかし、瞬間的な輝きと爆発的なインパクトは、ルースと比較しても遜色《そんしょく》ない見事な活躍を見せている。

一方で、２人がプレーする時代背景、野球そのものの違いもあるため、勝利数、本塁打数での単純比較が難しい部分もある。「二刀流」というフレーズを超えた、ルースと大谷の共通点。それは、「唯一無二の存在」ということである。

ルースが史上初めて50本塁打以上を記録した１９２０年は、１試合平均０・26本の割合でしか本塁打は記録されていない。ルースが出場していない他球場で観戦していたら、本塁打を見ることはほとんどできなかったのである。

そして現在。先発投手が160キロのボールを投げ、同じ試合で飛距離130メートルを超える豪快な本塁打を打つ。こんな瞬間を見るためには、大谷が出場する試合に足を運ばなければならない。

誰も本塁打を量産できなかった時代に、ルースは唯一本塁打を量産することができた。一方、大谷は誰も完璧《かんぺき》に「二刀流」を体現できない時代に、唯一完璧に「二刀流」でプレーを続けている。

これこそが、ベーブ・ルースと大谷翔平を結びつける奇跡の系譜なのである。

本書では、第1章で2022年の大谷翔平、第2章で1918年のベーブ・ルースの成績を、シーズンを振り返りながら克明に記録した。

数字での単純比較は難しいものの、どのような時代背景で、どのような空気感で、この偉大な記録が達成されていったのかを存分に感じていただけるはずだ。

記録達成への流れよりも、MLBが誇る往年の名選手たちの歴史や、大谷、ルースの記録が歴史上どのような意味を持つかについて関心のある読者は、第3章以降からお読みいただくとよいだろう。

ベーブ・ルースの活躍で、アメリカの野球は「国民的娯楽」へと成長した。

今、大谷翔平は二刀流で全米を席捲《せっけん》している。

「唯一無二の存在」である2人の偉業と、それにまつわるMLBの変遷を紐解《ひもと》いていく。

目次

第1章　2022年の大谷翔平

伝説の2022年シーズン開幕

大谷翔平が新たな伝説を刻んだ2022年シーズン。
まずはこの1年間を、主要な試合を取り上げながら振り返っていこう。

2022年4月7日。4万4723人を飲み込んだエンゼル・スタジアム。スタンドは開幕を迎えた高揚感よりも、無事にシーズンが始まった安心感に包まれていた。
大谷翔平の「二刀流元年」となった2021年。覚醒《かくせい》を果たした大谷翔平は、MVP獲得を筆頭に、各賞を独占してMLBを代表するスーパースターへの階段を一気に登りつめた。

新しい「アイコン（MLBの象徴）」の誕生に世界が沸き上がる中、MLB機構と選手会の新労使協定交渉が紛糾のすえ決裂。その結果、12月2日から全業務が完全停止する「ロックアウト」に突入した。MLBの業務が停止するのは、1994年から95年のストライキ以来となる。その後も交渉はまとまらず、2022年シーズンの全休も噂される中、22年3月10日に新労使協定が締結され、本来のスケジュールから1週間遅れとなる4月7日に開幕が決定した。

球団側との接触が一切禁止される「ロックアウト」は、球団施設での練習や球団職員のトレーナーなどとのコンタクトもできない。公私ともに大谷翔平を支えてきた通訳の水原《みずはら》一平《いっぺい》は、球団職員を辞して、例年通りオフシーズンも大谷と行動をともにした。ロックアウト解除後、水原は球団に復帰。ロックアウト期間中の大谷は、「自分がやるべきことは、いつもと変わらない。しかし、スプリングトレーニングの開始日や開幕戦の日程などが決まらないと先が見えないので、コンディション作りは難しいと思います」と語っていた。

例年よりも短縮されたスプリングトレーニングを消化した大谷翔平は、ＭＬＢでは初となる開幕投手を任され、４月７日のマウンドへ向かった。対戦相手は同地区最大のライバル、ヒューストン・アストロズ。

先頭打者のホセ・アルトゥーベに投じた初球のストレートは、１６１キロを記録した。１回裏、１番、大谷翔平が打席に入り、初球を打ってショートゴロに終わった。この開幕戦で大谷は、ＭＬＢ史上初となる記録を達成している。その記録とは、開幕戦で１番打者、先発投手でのスタメン出場である。開幕戦でシーズン初球を投げ、シーズン最初の打席に入った初めての選手となった。

２０２２年からＭＬＢでは、先発した投手が降板後も指名打者として試合に出場できる、通称「大谷ルール」が導入された。このルールの導入により、アメリカ国内では「大谷の打席数が増えるので、本塁打の量産が可能になる」と論評されていた。裏を返せば、新ルール導入で成績の上積みが望めるのは本塁打だけということになる。しかし、開幕戦で樹立した史上初の記録や大谷ルール導入は、22年の大谷翔平にとっては小さな一歩に過ぎなかったことになる。今まで誰も見たことも、想像したこともなかったシーズンが始まった。

投打で上々の滑り出し

開幕戦は4回2／3を投げ、自責点1で負け投手となった。

続く登板は4月14日、敵地でのテキサス・レンジャーズ戦。2回裏、1アウト満塁の場面で9番打者、ジョナ・ハイム捕手に、MLBでは自身初となる満塁本塁打を被弾する。この日はわずか3回2／3の投球で自責点6と大炎上。大谷に先発2試合連続で黒星が記録されるのはMLBでは初となった。

4月15日のレンジャーズ戦。1番指名打者で出場した大谷翔平は、相手先発投手マット・ブッシュの初球を強振し、打球は右中間スタンドへ。2022年シーズン第1号を記録した。開幕から31打席目、出場8試合目でのシーズン第1号は、18年のMLBデビュー後、最も遅い第1号となったが、この試合の第3打席、三番手左腕コルビー・アラードからライトスタンドに運ぶ2ラン本塁打を記録。キャリア7度目のマルチ本塁打は、イチローに並ぶ日本人選手史上最多タイ記録となった。さらに翌16日のレンジャーズ戦で8回表に第3号2ラン本塁打を記録し、21年7月以来となる2試合連続本塁打をマークした。

4月20日、敵地でのアストロズ戦。初回、先頭打者大谷の四球を皮切りに、エンゼルスは一挙6点を奪った。1回裏、投手大谷は1番ジェレミー・ペーニャ、2番マイケル・ブラントリーから連続三振を奪う好スタートを切る。3回裏から4回裏にかけては、MLBでは自身初となる6者連続三振を奪うなど三振の山を築き、6回1アウトまで完全試合を継続した。しかし、続く8番ジェイソン・カストロにセンター前ヒットを許して、「完全試合」「ノーヒット・ノーラン」達成はならなかった。

この日、投手大谷は6回、被安打1、奪三振12の快投を見せシーズン初勝利。打者大谷も4打数2安打、2打点を記録。大谷が1試合二桁《けた》奪三振+2安打以上を記録したのは、日米問わずプロ野球人生初となった。また、この日は腕のアングルを若干下げて投げる、大きく横滑りするスライダーが全投球の43％の割合を占めていた。

試合後、大谷は「今日はスライダーがよかった」とコメント。大谷とバッテリーを組んだマックス・スタッシは、「前回の登板ではカーブを多く投げた。今日の登板では、たまたまスライダーが多くなっただけ」と語った。そして、2020年シーズンには大谷とともにエンゼルスでプレーし、この日、大谷からチーム初安打を記録したカストロは、「僕が大谷とプレーをした時期は、彼がトミー・ジョン手術からのリハビリ中だった。今日の彼の姿は、完全に健康体を取り戻していた。みんなが期待している投手としての姿に戻った」とコメントした。

たしかにこの日の大谷のスライダーは、野球ゲームの世界で使われるスライダーのように、想像を超える曲がり幅を記録する素晴らしいものだったが、右肘《みぎひじ》への負担を考えると非常にリスキーなボールだとも感じた。

4月27日、4月最後の登板となったクリーブランド・ガーディアンズ戦。立ち上がり、制球を乱した大谷は、先頭マイルズ・ストローに四球を与え、ガーディアンズの主砲3番ホセ・ラミレスに先制2ラン本塁打を献上してしまう。その後も苦しい投球が続いたが5回、被安打5、自責点2でシーズン2勝目を手にした。打者大谷はこの試合で、2022年シーズンでは4月24日のオリオールズ戦以来2度目、自身の先発試合ではMLB初となる1試合3安打を記録した。

4月28日、ガーディアンズとの4連戦の最終戦は、2022年シーズン初の完全休養日となった。

翌29日、敵地でのシカゴ・ホワイトソックス戦。2020年9月27日以来となる4番指名打者でスタメン復帰を果たした大谷は、初回、ホワイトソックスのエース、ルーカス・ジオリトからセンター左に飛び込む第4号ソロ本塁打を記録した。

自身初となる開幕投手を務めた4月の投手成績は、4先発、2勝2敗、防御率4・19、投球回数19回1／3、奪三振数30、与四球5。

打者成績は、21試合出場、打率2割4分7厘、4本塁打、11打点。

打者大谷が覚醒した2021年の4月が、打率2割8分3厘、8本塁打、19打点だったことを考えれば、打撃成績は物足りないと言えるだろう。

2021年4月の投手成績は、3先発、1勝0敗、防御率3・29、投球回数13回2／3、奪三振23、与四球13。

投手としての成績も2021年4月の方が見栄えはいいが、注目すべきは与四球数が大幅に改善されている点である。21年までの投手大谷は、出力の強いボールを中心に三振を奪い、相手打者を圧倒する投球を見せる反面、突如、制球力を失い四球で崩れていくパターンも多く見られた。奪三振が多く、与四球も多いと必然的に投球数が増え、長いイニングを消化することが困難になる。

2021年は打者大谷翔平の覚醒の年だった。それに対して22年は、希望的観測を含め、私はスプリングトレーニング期間中から投手大谷の覚醒の年になると予想していたので、4月の状態がさらに好転していけばと感じていた。

MLB通算100号、プロ野球通算150号達成

5月に入ると、投打ともに大谷は徐々に調子を上げていった。

5月5日、かつてベーブ・ルースもプレーしたボストン・レッドソックスの本拠地フェンウェイ・パーク。この日、大谷はフェンウェイ・パークでキャリア初先発、打っては3番でスタメン出場を果たす。最古のボールパーク、フェンウェイ・パークで先発投手が上位4番打者以内で試合に出場するのは、1919年9月20日のベーブ・ルース以来の快挙となる。

この日の大谷は、制球力に優れ、開幕から精度が上がっていなかったスプリッターも効果的に使うことができていた。7回99球中81球がストライクで、11奪三振の内訳は、スプ

リッターで４三振、スライダーで３三振、ストレートで３三振、カーブで１三振となった。多彩な球を鮮やかに操ることができたこの日は、ＭＬＢ自身最多となる29回の空振りを記録した。レッドソックスのベテラン左腕リッチ・ヒルは、大谷の投球を見て「彼は間違いなくＭＬＢで最高の選手の一人。我々がこれまでの１００年で見ることができず、今後の１００年でも見ることができないかもしれない特別なことを彼はやっている。大谷に感謝すべきだ」と語った。

大谷は登板後、「フェンウェイ・パークで投げることを楽しみにしていました。この球場は自分にとっても好きな球場の一つです」とコメントした。

５月９日、本拠地でのタンパベイ・レイズ戦。６回裏、主砲マイク・トラウトが２ラン本塁打を打った直後、初球のスライダーを逆方向へ運んだ第５号ソロ本塁打は、２０２２年本拠地第１号となった。そして、７回裏、無死満塁で迎えた打席では、プロ野球人生初となる第６号満塁本塁打を記録した。

試合後、大谷は「正直、プロ初の満塁本塁打だったことは知らなかったです。自分的には、日本で１本くらい記録していると思っていました」と振り返った。第４号から３本連続で逆方向への本塁打が続いたことに当時のジョー・マドン監督は「打撃については、昨年と比べると本調子とは言えないが、逆方向へ強い当たりが増えてきた。翔平の状態は、ここからどんどん良くなっていく」と明言した。

5月10日、この日は試合前に2021年MVP獲得のセレモニーが行われた。フィールドには、オーナーのアート・モレノ、GMのペリー・ミナシアン、そして、監督のマドンが整列して、エンゼルスのラジオ中継の専属実況者テリー・スミスが司会進行を務めてセレモニーがスタート。

大谷が紹介され、フィールドに登場すると、スタンドからは「MVP！ MVP！」の大合唱が巻き起こった。センター後方の巨大なバックスクリーンに映し出された2021年のハイライトビデオを見つめる大谷は、終始、無表情のままだった。

セレモニーの最後にモレノからMVPの盾を手渡されたときも、大谷は表情を変えなかった。「過去の栄光にすがることなく、飽くなき進化を追い求める」という大谷の強い意志の表れだろう。

なお、セレモニーの前には先着2万5千人に大谷のMVP授賞記念バージョンのボブルヘッド人形が無料で配布されている。2022年はシーズンを通して、先着2万5千人に計3回無料配布された。あらかじめ発表されている大谷のボブルヘッド人形を無料配布する試合では、ゲートがオープンする前からファンが長蛇の列を作る光景が、エンゼルスタジアムの風物詩としてすっかり定着している。

セレモニー後に行われた試合では、新人投手のリード・デトマーズが球団史上12度目となるノーヒット・ノーランを達成。大谷の盟友マイク・トラウトが１試合２本塁打。右の強打者アンソニー・レンドンがＭＬＢの試合で初めて左打席に入り本塁打を記録するなど、大谷のセレモニーに花を添えた。

５月11日、本拠地でのレイズ戦、６回を投げ、ソロ本塁打による１失点も、本人には勝ち負けがつかなかった。

５月14日、敵地でのオークランド・アスレチックス戦。本人が「早ければ早いほどいいと思います」と語っていたマイルストーンの１本が５回表に飛び出した。相手投手アダム・オラーが投じた初球、真ん中のシンカーを得意のバックスクリーン左側に放り込んだ第７号２ラン本塁打は、ＭＬＢ通算１００号となった。通算出場４５９試合での１００号到達は、松井秀喜《まついひでき》の６３６試合を超える日本人選手史上最速である。大谷は言った。「１００本は大きな数字であり、達成できたことを誇りに思います。ＭＬＢに来て数多くの故障や手術を経験した分、自分の身体は強くなっていきました。これからもっと打てるように頑張ります」。

翌15日は、推定飛距離130メートルの特大先制第8号2ラン本塁打を記録した。

5月18日、敵地でのレンジャーズ戦。前回対戦でMLB初となる満塁本塁打を被弾したハイムに、この日も2打席連続でタイムリーを打たれ、6回2失点で勝ち負けつかずとなった。2022年シーズン、この時点でハイムは大谷と2試合対戦して1満塁本塁打、7打点の大活躍。「なぜ大谷を打てるのか？　いい質問だが、答えは自分でもわからない」とハイムは語った。

5月22日、本拠地でのアスレチックス戦、1番指名打者スタメンの大谷は、1回裏の第1打席、2球目のカーブを強振。投げたコール・アービンが打たれた瞬間に悔しがるほどの完璧《かんぺき》な打球は、センター後方に消えていく第9号ソロ本塁打。この1本が日米通算150号となった。

5月26日、本拠地でのトロント・ブルージェイズ戦。この日は立ち上がりからボールが高めに浮き上がり、初回にジョージ・スプリンガーに先頭打者本塁打、6回にブラディミール・ゲレーロ・ジュニアに本塁打を打たれるなど、10奪三振を記録したものの、6回5失点で3敗目。大谷は試合後、「初回の途中から腰に違和感を感じていた」とコメントした。

5月29日、本拠地でのブルージェイズ戦。2番指名打者で出場した1回裏、ブルージェイズのエース、ホセ・ベリオスのカーブを右中間スタンドに運び、二桁本塁打となる第10号ソロ本塁打。3回裏に回ってきた第2打席では、ベリオスのストレートをバックスクリーンに放り込み、2打席連続となる11号本塁打を記録した。

この時点でチームは27勝22敗、首位アストロズとはゲーム差2・5の地区2位だったが、25日のレンジャーズ戦から5連敗。大谷の調子は上向いていたものの、チームはなかなか波に乗れていなかった。さらに、この先に待ち受けるチームの悪夢を予見した者は、この時点では誰もいなかった。

月間4勝1敗。連敗も止めた

6月2日、敵地でのニューヨーク・ヤンキース戦。この時点でチームは6連敗を喫していた。連敗を止めるためにマウンドに上がった大谷だったが、1回裏にマット・カーペンターとグレイバー・トーレスにソロ本塁打を被弾。そして、3回裏にはアーロン・ジャッジにもソロ本塁打を打たれ、3回終了時点で早くも自身ワーストとなる1試合3被本塁打を記録。3回0／3で降板となった。前日が雨天中止となったために、この日はダブルヘッダーが行なわれ、大谷は第1試合に投手、第2試合に野手で出場した。ダブルヘッダーで投手、野手で出場したのは、77年ぶりの記録となった。

大谷の登板試合でも連敗が止められず、6月7日にエンゼルスは指揮官マドンの解任を電撃発表する。二刀流の良き理解者だったマドンの解任に大谷は「すごく良くしてもらった。勝てないのは監督だけの責任ではないので、選手として申し訳ない気持ち」とコメントした。

6月9日、本拠地でのレッドソックス戦、連敗は球団ワースト記録を超える14となっていた。「先発投手として連敗を止めるチャンスは何度もあったが、止めることができなかった」と語る大谷はこの日、立ち上がりから出力全開の投球を披露した。ストレートの平均球速は、通常よりも速い157・8キロ。3回にはラファエル・デバースから今季最速となる162・5キロのストレートで三振を奪った。三振の結果球としては、MLB移籍後、最速のストレートになった。

0対0でむかえた5回表、パスボールで三塁に走者が進み、ボビー・ダルベックの犠牲フライで1点を失った投手大谷だが、5回裏、走者を1人置いて打席に入った打者大谷は、先発のニック・ピベッタが投じた3球目のストレートをセンターの左に放り込む、第12号逆転2ラン本塁打を記録した。投手大谷が失点した直後に打者大谷が取り返す、まさに二刀流の真骨頂となった。

この1本と、投げては7回1失点の好投で歴史的な大型連敗は14で止まった。代行監督として初勝利を記録したフィル・ネビンは、「連敗中も選手たちは毎日、勝つためにベストを尽くしてきた。選手たちの顔を見ればわかる。まだシーズンが終わったわけではない」。大谷は「連敗を止めることができてよかった。これからは連敗と同じくらいの大型連勝を目指します」とコメント。しかし、チームが再び浮上することはなかった。

6月11日、本拠地でのニューヨーク・メッツ戦。この日の打者大谷は、初回に二塁打、3回にレフト前ヒットを記録。むかえた5回の第3打席、カルロス・カラスコの初球スライダーを強振すると、打球は低い角度で右中間へ。フェンス直撃かと思われた打球がそのままスタンドに飛び込む第13号2ラン本塁打となった。打球速度はこれまでで最速となる183キロを計測した。2019年6月13日に日本人初となるサイクル安打を記録している大谷は、残り打席で三塁打が出れば自身2度目の記録達成だったが、三振と四球で試合終了。しかし、この試合でジャレッド・ウォルシュがエンゼルス史上9度目となるサイクル安打を達成した。

6月16日、敵地でのシアトル・マリナーズ戦。「ストレートの制球がよくなかった割には、球数少なく、ゲームを作れたのでよかったと思います」と語る投球内容は、93球中ストレートはわずか32球で、スライダーが38球だった。この試合から横に大きく曲がる横振りのスライダー、縦に鋭く落ちるスライダー、そして、斜めに大きく動く通称「スイープ」と呼ばれるスライダーの割合が増えていった。

6月21日、本拠地でのカンザスシティ・ロイヤルズ戦。歴史的な2日間は、打者大谷から始まった。6対1の劣勢でむかえた6回裏、走者2人を置いて打席に入った大谷は、反撃の狼煙《のろし》となる第14号3ラン本塁打を記録。その後、壮絶な点の取り合いになったが、9回表終了時点では10対7でロイヤルズがリード。1アウト一、二塁で打席には大谷。マウンドにはロイヤルズのクローザー、スコット・バーロウが上がっていた。2ボール2ストライクと追い込まれた後、5球目のカーブを振り抜き、打った瞬間、本塁打とわかる強烈な打球がライトスタンドに突き刺さった。第15号同点3ラン本塁打。1試合8打点は、日本人選手史上最多打点となった。

翌22日、先発投手としてマウンドにあがった大谷は、この日も前回同様にスライダーが中心の組み立てとなった。初回に連打されてピンチを招くが、無失点で切り抜けると、大谷の奪三振ショーが開幕した。６回を除く毎回奪三振で８回13奪三振、許した安打は初回の２本のみだった。

７回終了時点で96球を投げていた大谷に対してネビン監督代行は、「８回から投手を代える予定だったが、大谷本人が、続投します、これは僕の試合です。と言ってきたから、続投させた」と振り返った。大谷の投球に完璧に押さえ込まれたロイヤルズのマイク・マシーニー監督は、「大谷のような多彩な武器を持っている投手は見たことがない。異なる３種の動きを見せるスライダー、カーブ、カッター。そして、スプリットの精度が上がった時点で、もはや何もできなかった。１００球を超えてもストレートの質や制球力が落ちることなく、本当に素晴らしい投球だった」と賛辞を贈った。

この試合で大谷は、ベーブ・ルース以来、史上２人目となる通算３００奪三振、１００本塁打を達成した。そして、前日に打者として８打点を記録、翌日に投手として13奪三振を記録した史上初の選手となった。大谷の場合は、偶然にも２日連続での記録となったが、キャリアを通じて、１試合８打点、１試合13奪三振の両方を記録した選手は、ＭＬＢ史上でも大谷しか存在しない。

6月25日、本拠地でのマリナーズ戦。この日に記録した第16号本塁打も、記憶に残る強烈な1本となった。3回裏、1点ビハインドでむかえた第2打席。相手はマリナーズのエース、ローガン・ギルバート。3ボール1ストライク、ストライクを取りにきたストレートを強振すると、打球はあっという間に右中間スタンド中段に着弾した。2015年にデータ解析ツール「スタッツ・キャスト」が導入されて以降、この日の本塁打がエンゼルス史上最速となる打球速190キロを計測した。そして、飛距離は22年自己最長となる141メートルとなった。

6月28日、本拠地でのホワイトソックス戦。3回裏の第17号ソロ本塁打は5月9日以来、今季2度目となるトラウトとの2者連続本塁打だったがチームは敗れた。

6月29日、本拠地でのホワイトソックス戦。前回のロイヤルズ戦同様に108球を投げた大谷だが、投球回数は5回2/3のみだった。しかし、投球内容は奪三振11、被安打5、無失点の好投でエースの役割は十分に果たした。試合後、大谷は「序盤は変化球を効果的に使うことができた。相手が変化球に対応してきた中盤以降は、ストレートを増やす組み立てにした」と話した。

悪夢の連敗を投打の活躍で止めた6月9日のレッドソックス以降の4先発で大谷は、4勝0敗、防御率0・34、投球回数26回2／3で奪三振36、打者としても6月9日以降は、打率3割4分4厘、6本塁打、17打点を記録している。2021年の6月は打者として13本塁打の大活躍を見せたが、22年の6月は、4勝1敗、防御率1・52を記録した投手大谷の月となった。

オールスター出場も、終戦ムードが漂う

7月1日、敵地でのアストロズ戦。前日に2022年オールスターゲームのファン投票の結果が発表され、ア・リーグ指名打者部門でアストロズのヨルダン・アルバレスに次ぐ得票数2位となり、大谷のファイナリスト入りが確定した。第1打席では先発クリスチャン・ハビエルのスライダーに体勢を崩されたが、すくい上げた打球がライト・ポール際に飛び込む先制の第18号となった。なおこの日は、メジャー通算500試合出場の節目。内訳は打者・投手両方で485試合、登板のみの出場はわずか15試合となった。そして、通算500試合を消化した時点で、111本塁打以上、63盗塁以上というのは、MLB史上でブレーブスのロナルド・アクーニャと大谷の2人しか達成していない記録となった。

7月6日、敵地でのマイアミ・マーリンズ戦。3番指名打者兼先発投手で出場したこの日、大谷は再び歴史的な活躍を見せた。投手大谷は、7回を投げ、10奪三振、自責点0。打者大谷は4打数1安打2打点1盗塁を記録。1920年に打点が公式記録となって以降、1試合で10三振を奪い、2打点を挙げ、1盗塁を記録した史上初の選手となった。

この日もバッテリーを組んだスタッシは、「彼は、特別で、歴史的で、エリートである。彼はMLBの最前列を走っている選手。投手としての実力も疑いの余地がない。大谷は、スーパースターの投手でスーパースターの打者だ」と絶賛した。

6月以降、大谷は投手として強烈な輝きを放ち続けた。1913年に防御率が公式記録になって以降、4先発の期間で40奪三振以上、自責点0を記録したのは、史上8人目となった。

7月8日、敵地でのボルチモア・オリオールズ戦。オールスターゲームのスタメン出場を決定するファイナル投票の結果が発表され、アルバレスを退けて2年連続のスタメン出場に加えて投手としての選出も決定した。その試合では9回表に、祝砲となる第19号ソロ本塁打を記録した。

7月13日、本拠地でのアストロズ戦。この日もスライダーが威力を発揮して6回12奪三振、1失点の快投を見せた。4試合連続二桁奪三振は、1977年のノーラン・ライアン以来、球団史上2人目となった。大谷は「ライアンのような偉大な投手と同じことができたのは、とても光栄に思います。しかし、自分は三振を奪うよりも、相手を無失点に抑えたかった」とコメント。大谷に自責点がつくのは5試合ぶりとなった。

新型コロナウイルスの世界的パンデミックの影響で、オールスターゲームの現地取材ができない時期が続いたが、2022年ドジャースタジアムで行なわれたオールスターゲームには、19年にクリーブランドで開催されて以来となる現地取材に行くことができた。

エンゼルスタジアムで行なわれた前半戦の最終戦から取材を開始。エンゼルスタジアムのスタンドは、大谷グッズを着込んだファンで溢《あふ》れ返っていた。オールスターゲームでは、常に多くの報道陣に囲まれ、スター選手が集結するオールスターでも、大谷の注目度は間違いなくトップクラスだった。日本人選手の枠を超え、MLBを代表するスーパースターの中でも、さらに別格の存在であることを実感したものだ。

7月22日、敵地でのアトランタ・ブレーブス戦。オールスターゲームをはさんで後半戦の初戦となったこの日。前半戦終了時点での勝ち星は、自身最多に並ぶ9勝となっていた。いよいよ、ベーブ・ルース以来となるシーズン二桁勝利、二桁本塁打達成の瞬間が近づいていた。立ち上がりからスライダーとカットボールを軸に三振の山を築いていく。

6回終了時点で毎回の11奪三振、被安打はわずか1本。しかし、援護点がなく、6回終了時点で0対0の投手戦となった。この日、MLB自己最速となる162・8キロを計測している大谷の状態を考えれば、エンゼルスが先制点さえ奪えれば、「今日がその日」となった可能性が高かったが、7回裏、先頭のダンズビー・スワンソンに四球を選ばれ、続くマット・オルソンに先制2ランを被弾。その後、三連打に加えて、オーランド・アルシアにこの回2本目となる3ランを打たれて降板。

結果的に6回1／3、6失点の大炎上となり「今日がその日」になることはなかったが、野茂英雄を超える日本人投手史上最長となる5試合連続二桁奪三振を記録した。そして、この試合の投球で、大谷が新たな記録を達成していたことが後に発覚した。4月20日のアストロズ戦とこの日のブレーブス戦で大谷は、6回被安打1以下を記録。同一シーズンに、地区優勝を記録した2チームから6回被安打1以下を記録した史上初の投手となった。

翌23日、敵地でのブレーブス戦。1番指名打者で出場した大谷は第3打席、相手先発カイル・ライトのチェンジアップに体勢を崩されながら、右手一本で弾丸ライナーとなる第20号ソロ本塁打を記録した。通算3度目の20本塁打は、日本人では松井秀喜以来、史上2

人目となった。

7月26日、敵地でのロイヤルズ戦。この時点でチームは月間３勝15敗と大きく負け越していた。トレード期間のデッドラインが迫り、チームはすでに終戦モードが漂う中、前日の試合で右太ももに強烈な自打球を受けて、万全の状態とは言い難かったが、第２打席にセンター後方に放り込む豪快な第21号先制本塁打を記録。

7月28日、本拠地でのレンジャーズ戦。初回、マーカス・セミエン、コーリー・シーガー、ジョナ・ハイムに、いきなり３連打され無死満塁の大ピンチ。そこからギアを上げた大谷は、４番ネイト・ロウから怒濤《どとう》の３者連続三振を奪い無失点。その後も粘りの投球を続けたが、４回にロウにソロ本塁打、５回はシーガーにタイムリー二塁打を打たれ、結果、6回2失点、11奪三振で6敗目となった。なお6試合連続二桁奪三振は、日本人投手史上最長となった。

7月30日、本拠地でのレンジャーズ戦。３回裏に回ってきた第2打席。相手先発グレン・オットーが投じたインコース低めのチェンジアップをすくい上げた打球は、高々と舞い上がりセンター後方に着弾する逆転３ラン本塁打となった。第22号本塁打の行方を見つめていた大谷は、ゆっくりと一塁方向へ走り出した。走者を置いての本塁打は、１試合8

打点を記録した6月21日の第15号の3ラン以来となった。

月間打率2割9分8厘、6本塁打、4勝1敗、月間防御率1・52を記録した6月と比較すると、7月は月間打率2割2分4厘、5本塁打、2勝2敗、月間防御率3・20とやや物足りないものとなった。チームの月間成績は、悪夢の6勝18敗。大谷の「ヒリヒリとした状況でプレーをしたい」という願いは残念ながら今季も叶《かな》うことはなかった。

遂にベーブ・ルース以来の二桁勝利、二桁本塁打を達成

地区優勝争いから脱落したエンゼルスは、8月2日に設定された2022年のトレード・デッドラインまでに先発のノア・シンダーガード、抑えのライセル・イグレシアス、大谷の良き後輩ブランドン・マーシュを放出した。大谷が「モチベーションを保つことが難しくて、8月と9月は長く感じました」と回顧したシーズン終盤。しかし、大谷の思いとは対照的に様々な記録や歴史的偉業が次々と達成されていった。

8月3日、本拠地でのアスレチックス戦。7月13日のアストロズ戦で9勝目を記録して以降、勝ち星がない大谷は、立ち上がりからスライダーを多投。3回終了時点で5奪三振を記録した。ライアンが持つ球団記録7試合連続二桁奪三振も見えてきた序盤だった。

試合が動いたのは4回表、先頭のラモン・ローレアーノが三塁ルイス・レンヒフォのエラーで出塁。その後、大谷のワイルドピッチで進塁し、続くショーン・マーフィーが先制タイムリー。マーフィーは6回にも大谷から試合を決める2ラン本塁打を記録した。

大谷は5回2／3を投げ、7奪三振、3失点で自身3連敗となり、ライアンの記録に並ぶことはできなかった。この3連敗が２０２２年最長の連敗だったが、連敗中の援護点は3試合合計でわずか1得点だったことを考えると大谷の投球は責められない。結局、投手大谷が勝つためには、打者大谷が打つしかないというのが、エンゼルスの哀しい現実だった。

翌4日、２番指名打者で出場した大谷は、初回に第23号の先制本塁打を左中間スタンドに突き刺した。７回には、インサイドの見送れば完全なボール球を右中間スタンドへ運ぶ第24号ソロ本塁打を放ち、２０２２年5度目のマルチ本塁打となった。この試合に7対8で敗れたエンゼルスは、１試合7本のソロ本塁打で7得点を記録した史上初のチームとなり、敗戦試合で記録した史上最多タイの本塁打記録となった。

８月９日、敵地でのアスレチックス戦。遂に「その日」が訪れた。２番指名打者兼先発投手で出場した大谷は、スライダー、スプリット、カットボール、カーブなど、多彩な変化球で相手打線を翻弄《ほんろう》。3回にデビッド・フレッチャーのタイムリーで先制したエンゼルスは、5回にテイラー・ウォードの3ラン本塁打で加点に成功する。走者としてこの本塁打を見届けた大谷は、「チームの勝利が近づいたと感じる本塁打だった」と振り返った。

投手大谷は、6回無失点、5奪三振を記録。7回表、打者大谷は、かつてのチームメイト左腕サム・セルマンが投じた2球目のスライダーを強振。打球は低い弾道でライトスタンドに突き刺さる、第25号本塁打となった。大谷の本塁打がダメ押しとなり5対1でエンゼルスが勝利。

1918年にベーブ・ルースが記録して以来、史上2人目となるシーズン二桁勝利、二桁本塁打がついに達成された。大谷は「いつになるかはわからないが、自分の投球を続けていけば、最終的には手に入れられると思っていました」。そして「できるだけ多くの試合でプレーすることに集中している。1試合、1試合、体調を整えて、常に健康体でプレーすることを心がけてきた」というコメントを残した。

アメリカの伝説の選手であるルースに並んだこの日、大谷は日本の伝説の選手が持つ記録を超えた。日本人メジャーリーガー歴代2位となるイチローの117本塁打を超える、118本目の本塁打だった。大谷は「イチローさんとは、打者としてのタイプが全く違うので比較することは難しいです。しかし、本塁打であれ、安打であれ、どんな記録でもイチローさんと比較されることは、自分にとって非常に光栄だと感じています」と話した。ルース以来となる二桁勝利、二桁本塁打を達成して一夜明けると、偉大な記録を各媒体が取り上げた。

西海岸最大手の新聞社ロサンゼルス・タイムズは、スポーツ欄の一面で「ショウヘイ　オオタニ　ルース以来、２人目の記録達成」、エンゼルスの地元紙オレンジカウンティー・レジスターは、「ショウヘイ　オオタニ　マイルストーンを達成」と掲載。ＭＬＢ公式ホームページやＦＯＸ、ＣＮＮなどのテレビ局もトップニュースとして大谷の記録達成を報道した。

だが、その熱量は日本国内の方が上回っていたと感じる。アメリカ国内では「大谷なら、確実に達成する。何も驚くことはない」という雰囲気さえあった。

１０４年ぶりとなる記録を達成した大谷は、その後、打撃の調子を一気に上げていった。8月13日、本拠地でのミネソタ・ツインズ戦。8回裏、0対3の劣勢の中、ジョアン・デュランが投じたカーブをとらえた打球は、高々と舞い上がりセンター方向へ。ＭＬＢ屈指の名手バイロン・バクストンがフェンス際でジャンプ。一瞬、バクストンの「ホームランキャッチ」と思われたが、ボールはバクストンのグラブの上を通り過ぎ、フェンスを越えて行った。大谷の第26号ソロ本塁打が反撃の狼煙となり、エンゼルスは延長11回裏、ウォードのサヨナラ2ランで逆転勝利を記録した。

8月15日、本拠地でのマリナーズ戦。実は7月6日のマーリンズ戦で、新球ツーシームが密《ひそ》かに実戦投入されていた。7月6日はわずか1球だったツーシームを、この日は6球投じた。このときのツーシームの精度は発展途上だったが、その後、このツーシームが大谷の新たな武器へと変貌《へんぼう》を遂げて行くことになる。この日の試合では、ストレートとスライダーが中心の投球で6回2失点、8奪三振で勝ち負けつかず。この時期の大谷は、先発を消化すると一時的に規定投球回数をクリアして、次回登板までに規定投球回数を下回るという状態を繰り返していた。

8月17日、本拠地でのマリナーズ戦。2番指名打者で出場した大谷は、第1打席でライト前ヒット、第2打席は見逃し三振、第3打席は打点付きのセンター前ヒット、第4打席は自身初となる2試合連続の三塁打、そして、第5打席に第27号となる2ラン本塁打を放った。この日は、2019年6月13日のレイズ戦で日本人初となるサイクル安打を記録して以来となる、1試合4安打を記録した。

８月21日、敵地でのデトロイト・タイガース戦。１回裏、先頭のルーキー、ライリー・グリーンに初球先頭打者本塁打を被弾してしまう。推定飛距離１３７メートルは、投手大谷が打たれた被本塁打の中で、史上最長の本塁打となった。その後も調子が上がらない大谷は、４回３失点、２奪三振で降板。打者としても試合から退いた大谷は、試合開始直前から体調に異変を感じており、チーム広報が降板の理由を「ウイルス性胃腸炎」と発表した。

翌日、デトロイトからタンパに移動して行なわれたレイズ戦で大谷はスタメンを外れ、代打で途中出場した。

23日のレイズ戦、３番指名打者でスタメン復帰を果たした大谷は、１安打を記録して、ウイルス性胃腸炎からの順調な回復ぶりをアピールした。

８月27日、敵地でのブルージェイズ戦。中５日で先発のマウンドに上がった。この日は、オールスター選出投手アレク・マノアとの鮮やかな投手戦となった。リーグ屈指の強力打線を誇るブルージェイズ相手に７回無失点、９奪三振。打たれた安打は初回のスプリンガーと３回にゲレーロに打たれた二塁打のわずか２本だけだった。一方のマノアも７回１失点、８奪三振の好投を見せた。11勝目を記録した大谷は試合後、「マノアは素晴らしい投手なので、彼との投げ合いは、とても楽しかった」とコメントした。

翌28日、3番指名打者で出場した大谷は、7回に放った勝利を決定づける第28号2ラン本塁打を含む、4打数3安打2打点の活躍を見せた。大谷の投打にわたる活躍にスーパースターのトラウトは、「翔平がすごいことをやっても、もう何も驚かない」とジョークを飛ばせば、この日、エンゼルスの先発を務めた、シーズン途中加入のタッカー・デービッドソンは、「本当に信じられない。登板翌日は、足が痛くなったり、背中が張ったり、色々と大変なのに、大谷は登板翌日に打席に4回立ち、チームを救う本塁打を打ったりしている。それを続けている。本当に信じられない」と驚きを隠せなかった。

8月29日、本拠地でのヤンキース戦。エンゼルスの本拠地とは思えないほどに、スタンドにはヤンキースファンが押し寄せていた。MVPを争うジャッジと大谷。ジャッジが打席に入るとヤンキースファンから「MVP」の大合唱。大谷が入ればエンゼルスファンが「MVP」コールの大声援で応戦。最初にファンの大声援に応えたのは大谷だった。

2対2の同点でむかえた5回裏、2アウト、ランナー一塁の場面で大谷は、フランキー・モンタスが投じたスプリットを右手一本ですくい上げ、ジャッジの頭上を越えて行く第29号勝ち越し2ランを放った。ジャッジも8回表にセンター後方に推定飛距離132メートルの第50号ソロ本塁打を記録した。試合に敗れたジャッジは「大谷が本塁打を打ったときはムカついた。大谷に対してムカついたわけではなく、あの本塁打で逆転されてチームが負けたことにムカついた」と悔しがった。

8月31日、本拠地でのヤンキース戦。この日も試合の主役は、ジャッジではなく、大谷だった。0対2でむかえた6回裏1アウト、ランナー一、二塁。マウンドには現役最強右腕の一人、ゲリット・コール。１６０キロに迫る3球目のストレートを強振した打球は、センターを守るジャッジの頭上を大きく越えて行く第30号逆転3ランとなった。打たれたコールは試合後、「今日の試合の中で最悪のストレートを最高の打者に投げてしまった」とコメント。

シーズン終了後、大谷本人が２０２２年に最も印象に残っていると語ったコールからの本塁打は、記録としても歴史的な１本となった。シーズン30本塁打／二桁勝利はＭＬＢ史上初の快挙。２年連続30本塁打は日本人選手史上初である。大谷は試合後、「数々の記録を聞いて、光栄であり、幸せです。しかし、記録を目指してプレーをしているわけではありません。自分は健康体を維持して、いい形で残りのシーズンを過ごすことしか考えていません」と話した。

この日、先発したエンゼルスのパトリック・サンドバルは、「防御率が2点台で、本塁打が30本、本当に馬鹿げている。大谷は正真正銘のユニコーンだ。非常識なくらい、信じられない選手だ」と呆《あき》れたようにコメントした。

MVPを獲得した2021年の8月は、月間打率2割0分2厘、5本塁打と、大きく成績を落としてしまった大谷だったが、2022年の8月は、月間打率3割1分7厘、8本塁打を記録。投手大谷は、前年8月に月間3勝0敗を記録しているが、月間2勝2敗だった今季の8月の方が、投球内容は充実していた。体力的な疲労がピークをむかえると言われる暑い8月を最高のパフォーマンスで乗り切った大谷。このあたりから、前人未到の規定打席、規定投球回数のダブルクリアも現実味を帯びてきていた。

さらなる偉業を目指して

9月3日、本拠地でのアストロズ戦。この日の大谷は、スライダーを軸に新球ツーシームを多投する新たな組み立てでアストロズ打線を翻弄した。試合後、ネビン監督代行は大谷の新球について「ホームベースを横切るほどの変化量があり、球速は158、159キロを計測した。打者にとって非常に難しい球種になる。ボールが食い込んでくる右打者は、特に厄介だ」と絶賛。大谷本人は「何球かはいい当たりを打たれたが、自分が投げようとしているところにコントロールできていた。試合の中で数多く投げることができたので、自分的には非常に満足している」とコメント。

この日、今季最多となる１１１球を投げ、8回1失点、5奪三振を記録。そして、シーズンの投球回数が２０２１年の１３０回１／３を超え、自己最多となる１３６回となり、3回にはＪ・Ｊ・マティジェビックからＭＬＢ通算４００奪三振を記録した。

9月5日、本拠地でのタイガース戦。３回裏、相手先発左腕タイラー・アレキサンダーの初球のストレートをとらえた打球は、低い弾道のままライトフェンス上部を直撃した。フェンスを越えることはなかったが、フェンス中段に引かれている本塁打認定の黄色ラインを越えたため第31号2ラン本塁打となった。7回裏、先頭で回ってきた第4打席、この回から登板したギャレット・ヒルの初球スライダーを振り抜くと、打球は大きな放物線を描きながら左中間スタンドに着弾する第32号ソロ本塁打となった。２０２２年、6度目のマルチ本塁打となり、00年にトロイ・グロースが記録したエンゼルスのシーズン最多マルチ本塁打試合に並んだ。

9月7日、本拠地でのタイガース戦。３打席連続三振でむかえた7回裏、投手はこの回からベテラン左腕のアンドリュー・チャフィン。3球目のツーシームに差し込まれながら、とらえた打球は右中間スタンドに突き刺さる第33号ソロ本塁打となった。

9月10日、敵地でのアストロズ戦。この試合で、大谷の新球ツーシームの威力が発揮された象徴的な対戦があった。3回裏、打席にはMLBを代表する安打製造機のアルトゥーベ。初球スライダーをファール、2球目スライダーはボール、3球目ツーシームは空振り、4球目スプリットはボール、5球目161キロのツーシームは、インサイドに外れてボール。このとき、アルトゥーベはのけぞりながら苦笑いを見せた。「スピードがあって、曲がり幅が大きい。本当に厄介なボールだよ」。最後はスライダーで三振。そして、3回裏、最後の打者となったカイル・タッカーに対しては、MLB自己最速を更新する163・2キロのストレートで三球三振を奪った。

5回を終了して7奪三振、球数は79球。規定投球回クリアにむけて、イニングを稼げる展開だったが、6回開始前にマウンドで2球投げたところで、右手中指のマメが大きくなり、本人の申し出により降板が決まった。

試合後、ネビン監督代行は「大谷は、どの選手よりも体調管理に優れている。次の登板試合を考えて、降板することがベストの判断だった」とコメント。毎試合ごとに、威力と精度が増してきた新球ツーシームについて大谷は、「ボールの変化量、スピードともに満足できる状態だと思います」と自信を覗《のぞ》かせた。大きく動き、１６０キロを計測する大谷のツーシームに、アメリカでは「ターボ・シンカー」なる名称が誕生していた。

8月9日以降、27試合で打率3割2分3厘、9本塁打、21打点、投手では6先発、防御率1・75、36奪三振の記録を残している大谷に対して、日本国内では規定投球回数クリアにむけての報道がメインだったが、アメリカ国内では二刀流としての成績向上に伴い、ジャッジとのＭＶＰ争いの行方が報道のメインとなっていた。

9月11日、敵地でのアストロズ戦。前日、右手中指のマメの影響で5回に降板したが12勝目を手に入れた大谷は、2番指名打者で出場。無死ランナー三塁でむかえた第1打席、相手先発は、手元を左右に揺らす独特の投球フォーム「ゆりかご投法」で幻惑するルイス・ガルシア。アウトコース低め、見送ればボールのカーブに反応した大谷は、体勢を崩されながら右手一本ですくい上げ、右中間スタンドに届く第34号先制2ラン本塁打となった。

結果的に、この日の本塁打が２０２２年最後の一発となったが、登板翌日は7本塁打を記録したシーズンとなった。

9月17日、本拠地でのマリナーズ戦。この日の大谷は、1回と2回だけで43球を投じる立ち上がりとなった。しかし、スライダーの精度を取り戻した3回、4回、5回はわずか39球。この日は、全107球中、スライダーが51球を占めていた。

右手中指のマメへの影響を考慮して、ストレート系の球種を極端に減らした投球に敵将のスコット・サーバイスは、「明らかに投球の組み立てを変えていた。160キロを超えるストレートを投げる大谷が、あれだけ精度が高いスライダーを多投したら、打つことは難しい」と脱帽。この日は、7回3安打、無失点、8奪三振、二塁に進塁を許さずに13勝目を記録した。

残り先発予定は3試合。規定投球回数まで残り14イニングに迫っていた。

9月23日、敵地でのツインズ戦。この日の最大の敵は、天気だった。平均気温11度、灰色に染まった空から落ちてくる雨、時折強く吹くライトからレフトへの風。最悪のコンディションでマウンドに上がった大谷は、2番ホセ・ミランダに四球、3番ニック・ゴードンに死球、4番ジオバニー・ウルシェラにも四球を与えて、1アウト満塁。5番ジェイク・ケイブをダブルプレーに仕留めたが、3アウト成立前にミランダがホームを踏んで1失点。大谷は「踏み出した左足が滑ってしまって、制球力を保つことができなかった。結果的に6与四球だったので、最後まで修正することが難しかった」と振り返った。

その後も走者を出す苦しい投球が続いた大谷だが、４回裏１アウトでむかえたゲイリー・サンチェスを相手に、背中側からインサイドに大きく曲がる「バックドア・カーブ」で奪った三振がシーズン２００奪三振目となった。大谷は「２００奪三振は、自分にとって大きなマイルストーンです。この記録は、中６日でマウンドに上がり続けなければ、達成できないことなので、シーズンを通して安定的に投球ができた証《あか》しです」と喜んだ。もちろん、シーズン２００奪三振、30本塁打もＭＬＢ史上初の快挙となる。最悪のコンディションの中、５回２失点、７奪三振で14勝目を記録した。残り先発予定は２試合。規定投球回数まで、残り９イニング。

９月29日、本拠地でのアスレチックス戦。この日が本拠地エンゼルスタジアムでの最終登板となった。大谷の投球を見ようと、この日も３万１２９３人のファンが詰め掛けていた。１回表、先頭トニー・ケンプに対して四球。２番ビマエル・マチンを三振、３番ショーン・マーフィーをダブルプレーに仕留める上々の立ち上がりを見せた。

しかし、この日の大谷は、ここからがすごかった。２０２２年の投手大谷を象徴するスライダーを中心に三振の山を築き、ヒット性の打球も打たれず、スコアボードには０が並んでいく。7回終了時点で、ケンプに与えた初回の四球のみ、ノーヒット・ノーランを継続していた。

8回表、先頭のセス・ブラウンをキャッチャー・ファールフライ、続くジョーダン・ディアスをスライダーで三球三振に仕留めた。間違いなくこの日、スタンドに詰め掛けたファン全員がノーヒット・ノーランの達成を目撃できると思い始めた瞬間、1ボール2ストライクと追い込まれたコナー・カペルが大谷のカットボールに食らい付き、打球が無情にもショートのソトの横を抜けて行った。スタンドは大きな溜《た》め息《いき》に包まれたが、その直後、大谷の快投を称《たた》える大きな拍手がスタンドに響き渡った。

8回2安打無失点、10奪三振で15勝目を手にした大谷は試合後、「先発投手だったら全員が、登板前はノーヒットや完全試合を思い描いてマウンドに上がっていると思います。もちろん、僕自身もそうです。ただ今日は、ストレートの走りとか、実際のマイル表示も出ていなかったので難しかったですが、スライダーがよかったので、8回を投げきることができました」と振り返った。

アメリカ国内で注目を集めているジャッジとのMVP争いについては、「MVPを獲得した昨年よりも、いいシーズンを過ごせたと思っています。特に投手として、昨年の経験を活《い》かして自信を持って投げることができました。ＭＶＰは記者たちの投票なので専門家に任せますが、自分が取り上げられていることについては楽しんでいます。ジャッジが第61号を打った試合を見ましたが、ジャッジの活躍は、一人の野球ファンとして楽しんでいます」と語った。

大谷が持つ眩《まぶ》しいほどのスター性ならば、ノーヒット・ノーランを達成して規定投球回数もクリアすると感じていたファンが大半だったに違いないが、次の試合までお預けとなった。残り先発予定試合はレギュラーシーズン最終戦の1試合。規定投球回数まで残り、1イニング。

史上初、規定打席・規定投球回数クリア

10月5日、敵地でのアスレチックス戦。3番指名打者兼先発投手として試合に望んだ大谷は、1回表、ライト前ヒットを記録。1回裏、先頭のケンプをスライダーで三振、2番マーフィーはセンターフライ、3番ブラウンはサードゴロ。最後のアウトを見届けた大谷は、ゆっくりとした足取りで一塁側ダッグアウトに向かい、眩しそうにスタンドを見回してからダッグアウトに消えて行った。

前代未聞の偉業、規定打席と規定投球回数をダブルクリアした史上初の選手が誕生した瞬間だった。

２０１８年3月29日、大谷翔平がデビューを飾ったオークランドで歴史的偉業を達成した22年は、気温20度、爽《さわ》やかな秋風とともに幕を下ろした。

大谷の史上初の快挙達成を受けて、ロサンゼルス・タイムズの名物コラムニスト、ディラン・ヘルナンデスは、「大谷翔平　投手としての進化は上昇傾向が続く」のタイトルでコラムを掲載した。そのコラムの中で大谷は、「今年は色々試しながら投球しました。来年以降、もっと問題を解決できれば、もっといい成績を残すことができると思います」と語っている。

コラムの最後にヘルナンデスは、「大谷も人間であり、他の選手と同じように天井がある。しかし、大谷の天井は、投手でも打者でも、まだ見えていない」と締めくくった。

２０２２年の大谷翔平は、史上初となる規定投球回数、規定打席をダブルクリア、史上初となる15勝＋30本塁打、史上初となる２００奪三振＋30本塁打、史上初となる二桁勝利＋二桁本塁打＋二桁盗塁を記録した。

そして、１９１８年のベーブ・ルース以来となる１０４年ぶりに二桁勝利＋二桁本塁打を達成した。ベーブ・ルースの孫であるトム・スティーブンスは、「ルースが生きていれば、間違いなく翔平の活躍を喜び、記録達成を応援していたと思う。これからも大谷翔平のキャリアに沢山の幸運が訪れることを祈っています」と賛辞を贈った。

第2章　１９１８年のベーブ・ルース

ＭＬＢ誕生と第１回ワールドシリーズ

１９１８年に、ボストン・レッドソックスのベーブ・ルースが史上初となるシーズン二桁《けた》勝利、二桁本塁打を記録した。その18年を回顧するとともに、創立まもない当時のＭＬＢと時代背景を紐解《ひもと》いていこう。

１８６９年、すべての選手がプロ契約を結ぶ史上初のプロ野球チーム、シンシナティ・レッドストッキングス（現シンシナティ・レッズ）が誕生した。当時は、東海岸と中西部を中心にプロ、アマ混合の野球チームが乱立。新しいリーグができては解散、解体を繰り返す混乱の時代だった。76年に現在も続くナショナルリーグが誕生して、混乱の時代からＭＬＢ誕生の時代へと進むことになる。

１９００年に、ウエスタンリーグが、現在も続くアメリカンリーグへと名称を変更する。当時は、ナショナルリーグが唯一の「メジャーリーグ」（ＭＬＢ）で、他のリーグはすべて「マイナーリーグ」という取り決めがなされていたが、ウエスタンリーグとアメリカンリーグを作り上げたバン・ジョンソンコミッショナーは、敵対するナショナルリーグから高額年俸で有名選手を引き抜くなどして対抗し、「我々こそが真のメジャーリーグ」と宣言した。当時、年俸が高かったアメリカンリーグへ100人近い選手が移籍したと言われている。

新興リーグの強烈な突き上げに、ナショナルリーグのコミッショナー兼レッドストッキングスのオーナー、ギャリー・ハーマンは、ジョンソンに会談を持ちかけ、1901年、シカゴのリランドホテルにて、ナショナルリーグとアメリカンリーグに加え、全米のマイナーリーグ関係者を集めた会議が行なわれた。その席上で、アメリカンリーグは正式に「メジャーリーグ」として承認され、マイナーリーグは、現在も続くマイナーリーグベースボールとして統合された。「メジャーリーグ」の称号を手に入れたジョンソンは、その後、集団指導体制だったコミッショナー事務局を長い間、牛耳ることとなった。

現在も受け継がれているナショナルリーグとアメリカンリーグの体制が誕生し、1903年には、ナショナルリーグ王者のピッツバーグ・パイレーツと、アメリカンリーグ王者のボストン・アメリカンズ（現ボストン・レッドソックス）のオーナー同士の話し合いにより、シーズン終了後に9試合制の王者決定試合が開催されることとなった。この試合が現在も続く「ワールドシリーズ」の第1回大会として記録されている。ちなみに第1回の優勝チームは、5勝3敗でボストン・アメリカンズだった。

ベーブ・ルース、マイナーリーグ・オリオールズ所属へ

1895年2月6日、メリーランド州ボルチモアで生まれたジョージ・ハーマン・ルース・ジュニア。父ルース・シニアは、避雷針のセールスマンや路面電車の運転手など、職業を転々とした後、「ウエスト・カムデン通り、426番地」で家族経営の食料品店兼パブを経営していた。母キャサリンは病弱でルースが12歳のときに結核により他界。生活環境は劣悪で、ルース本人も「ただただ、大変な毎日だった」と幼少時代の話を好んですることはなかった。

「小さな頃からビール、ワイン、ウィスキー、何でも飲んだ。タバコは5歳で覚えた」と回顧するルースは近所でも有名な悪ガキで、養育に苦心した両親は、第1回ワールドシリーズが開催される前年の1902年、当時7歳のルースをセント・メアリー工業学校と呼ばれる全寮制の矯正施設へ入所させた。その後、退所するまでに父親の面会記録はなく、ルースが実家に戻ったのも母キャサリンの葬儀に参列した1日だけだったと記録されている。

1903年に第1回ワールドシリーズが開催された当時、ナショナルリーグは、ピッツ

バーグ・パイレーツ、ブルックリン・スーパーバス（現ロサンゼルス・ドジャース）、ボストン・ビーンイーターズ（現アトランタ・ブレーブス）、シカゴ・カブス、シンシナティ・レッズ、セントルイス・カージナルス、ニューヨーク・ジャイアンツ（現サンフランシスコ・ジャイアンツ）、フィラデルフィア・フィリーズ。

一方のアメリカンリーグは、デトロイト・タイガース、ニューヨーク・ハイランダーズ（現ニューヨーク・ヤンキース）、シカゴ・ホワイトソックス、クリーブランド・ナップス（現クリーブランド・ガーディアンズ）、フィラデルフィア・アスレチックス（現オークランド・アスレチックス）、ミルウォーキー・ブルワーズ（現ボルチモア・オリオールズ）、ワシントン・セネターズ（現ミネソタ・ツインズ）、ボストン・アメリカンズ。各リーグ８チーム計16チームで、この体制は60年まで続いた。試合数は、61年、62年の球団拡張時代に突入するまでは１５４試合制で行なわれていた。なお、73年にアメリカンリーグが採用するまで指名打者制度はなかった。

「母キャサリンとマティアスが亡くなった日が人生で一番辛《つら》い日だった」と後に回顧するルースは、セント・メアリー入所後に、人生の恩師となるマティアス・バウトラーと出会う。バウトラーは、ローマ・カトリックの神父でセント・メアリーでは教官を務めていた。198センチの大柄な体型に加えて、分け隔てなく入所者の少年たちと接する姿は、威厳に満ち溢《あふ》れ、少年たちから尊敬されていた。野球経験者だったバウトラーに野球の手解《てほど》きを受けたルースはメキメキと上達。左利きのルースだが、初期の頃は好んで捕手を務めていた。現在でも、キャッチャーミットを持って写っているセント・メアリー時代の写真が残っている。

ある試合で、味方投手が打ち込まれ、捕手だったルースは、「よく打たれるな、お前は」と試合中に笑い出した。その姿を見たバウトラーが「そこまで笑って馬鹿にするなら自分で投げてみろ」と怒り、その試合をさかいに投手として試合に出場する機会が増えていった。そして、投手として非凡な才能を開花させていったルースは、地区選抜に選出されるまでの投手に成長。ルースの投げる試合をたまたま観戦していたワシントン・セネターズの左腕ジョー・エンゲルは、当時マイナーリーグに所属していたボルチモア・オリオールズのオーナー、ジャック・ダンにルースを紹介。後日、ダンが見守る中、投球練習を披露した。ダンは練習をわずか30分見ただけでルースと契約することを決めた。ルースは「洋服の仕立て屋になることが決まっていたので、大好きな野球が続けられることが嬉《うれ》しかった」と喜んだ。

このとき、ベーブ・ルース19歳。ベーブの愛称の由来は、「童顔だから」「矯正施設育ちで、世間知らずだから」「立ち振る舞いが幼稚だから」など様々だが、ジャック・ダンと契約を結んだ際に矯正施設の生徒から、「あいつは、明日《あした》からダンの新しい赤ちゃん（ベイビー）になる」と揶揄《やゆ》されたことがベーブ誕生のきっかけだったという説が有力視されている。

メジャーリーグ・レッドソックスへ移籍

１９１４年3月、オリオールズの一員として、ノースカロライナ州で行なわれるスプリングトレーニングに向かう汽車に乗り込んだルース。このときが人生で初めてボルチモアの外に出た瞬間だった。

１９１４年3月7日、親善試合で遊撃手としてプロ初出場を果たしたルースは、第2打席にプロ野球人生初の本塁打を記録。そして、最終2イニングは投手として登板した。

ベーブ・ルースがプロ野球人生を始めたこの時代は、通称「デッドボール時代」と呼ばれている。１９００年から19年までは、アメリカ国産の野球ボールの質が悪く、試合途中にボールの縫い目が緩んだり、形が変形したりすることはもちろん、土や泥、唾《つば》や噛《か》みタバコの汁などで汚されていくボールは真っ黒に変色。野球のボールが高価だったこともあり、それでも同じボールを使い続けていた時代だ。また、球場もセンター後方まで170メートルあった当時のカブスの本拠地ウエストサイド・グラウンドや、同じく194メートルあった当時のレッドソックスの本拠地ハンティントンアベニュー・グラウンズなど、120メートルほどが一般的な現代では想像すらできない巨大な球場も存在していた。そのため、本塁打が記録されることはほとんどなかった。

1914年、プロ1年目をマイナーリーグのオリオールズでむかえたルースは、投手として勝ち星を積み上げ、35登板で22勝を記録。打者では46試合に出場して1本塁打。資金繰りに苦しんでいたオリオールズのオーナー、ダンは、メジャーリーグのチームにルースを売ることを決断する。ジャイアンツやレッズとの交渉は決裂したが、14年7月4日にレッドソックスと交渉が成立した。シーズン途中にチームに合流したルースは、投手として4登板2勝1敗、打者として5試合に出場して0本塁打でプロ1年目が終了した。

1915年、ルース20歳。実質MLB1年目をむかえたこの年、ルースは救援投手として起用され結果を残し、先発投手へ昇格する。

むかえた5月6日、ヤンキースの本拠地ポロ・グラウンズ。9番先発投手で出場したルースは、3回表に回ってきた第1打席でヤンキースの先発ジャック・ウォーホップが投じた初球を強振。打球は大きな放物線を描きライトスタンド上段に届き、記念すべきMLB第1号本塁打を記録した。当時のポロ・グラウンズは、ライトポールまで79メートルの距離しかなかったが、本塁打の出現率が極端に低い「デッドボール時代」だったこともあり、当時観戦していた5000人のファンはルースの本塁打に度肝を抜かれた。

ルースはこの年に4本塁打を記録しているが、すべて先発投手として出場した試合だったことからもわかるとおり、当時はあくまで「バッティングがいい先発投手」という位置づけだった。登板日以外に積極的にバッティング練習を行う新人のルースを「生意気」と感じたあるベテラン選手は、ルースのバットをノコギリで切断する嫌がらせを行ったが、タフな矯正施設で育ったルースは、気に留めることもしなかった。この年ルースは、18勝8敗、4本塁打を記録した。

先発投手として大活躍を見せる

1916年、このシーズンは投手ルースの絶頂期となった。投手として44登板、40先発、

23勝12敗、防御率1・75を記録。防御率と9完封はリーグ1位。ちなみにルースが投手の主要タイトルを獲得したのは、この年の最優秀防御率だけである。なお、左腕投手のシーズン9完封は、78年にヤンキースのロン・ギドリーに並ばれたものの、現在でもリーグタイ記録である。

そして、ルースの投手人生の中で最高の投球の一つとされる試合もこのシーズンに記録された。

8月15日、本拠地フェンウェイ・パークでのワシントン・セネターズ戦。ルースは9番投手で先発出場。相手の先発投手はMLB通算417勝を記録した伝説の大投手ウォルター・ジョンソン。この時期のジョンソンは4年連続最多勝を記録したまさに全盛期（1913〜16年）。試合開始から手に汗握る投手戦となり、9回終了時点で0対0。試合は延長戦に突入する。ルースは13回を投げ、被安打8、無失点。ジョンソンは13回裏、6番ラリー・ガードナーにサヨナラ打を許して敗戦。

この試合を観戦していたアメリカンリーグのコミッショナー、バン・ジョンソンは、「今まで数多くの試合を観戦してきたが、今日の試合が間違いなく、我が人生で最高の試合だった」と語った。なお、この年のルースは3本塁打を記録したが、6月12日敵地スポーツマンズ・パークで行なわれたセントルイス・ブラウンズ戦で、自身初となる代打本塁打を記録している。

１９１７年、先発投手としてフル稼働する最後の年でルースは、41登板、38先発、24勝13敗、防御率2・01を記録。中でも、リーグ最多となる35完投は圧巻だった。打者としては自身の先発試合で2本塁打を記録している。

一方この頃、世界では大きな争いが始まっていた。１９１４年、ヨーロッパのバルカン半島で火の手があがった紛争は、瞬く間にヨーロッパ全土に燃え広がり、第一次世界大戦が勃発《ぼっぱつ》。中立の立場だったアメリカは17年4月6日、フランスやイギリスの連合国に加わり参戦した。17年5月、アメリカに選抜徴兵制が導入され、21歳から30歳までの男性が徴兵制度の対象となり、数多くのメジャーリーガーが徴兵年齢に含まれた。この戦火の大きな渦が、翌年、ルースの史上初の記録を生み出すきっかけとなる。

１９１８年7月1日、アメリカ政府は「働くか、戦うか」のスローガンを掲げ、男性は入隊するか、軍事関連企業で就労する必要があり、拒否した場合は徴兵されるリスクがあった。しかし、ニュートン・ディール・ベイカー陸軍長官は、ＭＬＢの選手に対しては、9月2日「レイバー・デー（労働者の日）」まで期間を延長する特例を認めた。

このベイカー陸軍長官の特例を受けて、実質的にMLBを牛耳っていたアメリカンリーグのコミッショナー、バン・ジョンソンは、9月2日でのレギュラーシーズンの打ち切りを決定。その結果、154試合制のシーズンは、ナショナルリーグで平均126試合、アメリカンリーグで平均125・5試合しか消化することができなかった。

特例を受けたとはいえ、選手たちは軍への入隊を決め次々とチームを去り、各チームは戦力を整えるのに必死だった。この年からレッドソックスの監督に就任した、エド・バーローは、スプリングトレーニングの期間中に戦力低下を実感。その頃、ルースは4、5日に一度しかプレーできない投手に不満を持っていた。そして、1919年にチームのキャプテンに就任することになる名外野手ハリー・フーパーは、この時期に新監督のバーローに「明らかに選手が足りない。投げない試合ではルースを野手として起用するべきだ」と進言していた。

フーパーの助言を受けたバーローは、オープン戦でルースを外野手や一塁手で起用した。しかし、チームの左腕エースに成長したルースを打者として起用することにリスクを感じていたバーローは、レギュラーシーズンでは投手専任でルースを起用することを決めた。

１９１８年4月15日、本拠地フェンウェイ・パークで行なわれたフィラデルフィア・アスレチックスとのシーズン開幕戦。9番投手で開幕投手を務めたルースは、9回1失点で完投勝利を記録。打者では2打点の活躍を見せた。

4月19日、本拠地でのヤンキース戦。ダブルヘッダーの2試合目に9番投手で出場。13安打を打たれ5失点を記録したが、味方の大量点に守られて完投で2勝目を手にした。

4月30日、本拠地でのワシントン・セネターズ戦。9番投手で出場し、投げては9回1失点で3勝目、打っては2打数1安打を記録する。

4月の成績は、投手で4先発、3勝1敗、防御率2・31。打者としては代打を含む6試合で打率4割1分7厘、0本塁打、3打点を記録した。

5月4日、敵地ポロ・グラウンズでのヤンキース戦。9番投手で出場し、8回5失点でシーズン2敗目を記録したが、7回表、相手先発アレン・ラッセルから右翼スタンドに突き刺さるシーズン第1号の2ラン本塁打を記録した。この日の本塁打を見た監督のバーローは、ルースを野手として起用することを決断した。

二刀流、始まる

5月6日、敵地でのヤンキース戦。ルースは6番一塁でスタメン出場する。1914年のMLBデビュー後、この日が記念すべき、投手以外で初めてのスタメン出場となった。むかえた第2打席、このシーズン16勝を記録するジョージ・モドリッジからライトスタンドに第2号2ラン本塁打を記録し、華々しい野手デビューを飾った。

5月7日、敵地グリフィス・スタジアムでのセネターズ戦。この日は4番一塁でスタメン出場した。相手先発は伝説の投手ジョンソン。5回終了時点で0対6、敗戦濃厚の雰囲気でむかえた6回表、走者を1人置いて打席に入った。グリフィス・スタジアムは、センターまで128・3メートル、ライトポールまで97・5メートルの距離があり、「デッドボール時代」に最も本塁打が出ない球場とされていた。しかしルースは、この打席でスタンドに豪快に突き刺さる第3号2ラン本塁打をジョンソンから記録した。本塁打不毛の時代にルースは、3試合連続本塁打の離れ業をやってのけた。

5月9日、敵地でのセネターズ戦。先発する試合では、初めて9番以外となる4番投手でスタメン出場を果たした。投手では9回2／3、4失点。延長10回裏にサヨナラ打を打たれ3敗目を喫したが、打者では二塁打3本、三塁打1本を含む5打数5安打を記録した。

5月10日、本拠地でのセントルイス・ブラウンズ戦。この日は、4番左翼でスタメン出場。この日が自身MLB初の外野手でのスタメンとなった。結果は3打数0安打と振るわなかった。

5月15日、本拠地でのデトロイト・タイガース戦。9番投手でスタメン出場すると、9回4失点で4勝目を記録した。当時のタイガースには、伝説の打者タイ・カッブが在籍していたが、この日の対戦ではルースがカッブを4打数0安打と圧倒した。この時期、登板日以外は、4番一塁、もしくは左翼でスタメン出場することが確立化されていった。

5月は、3先発で1勝2敗、防御率2・36。打者としては、12試合に出場して3割9分5厘、3本塁打、9打点を記録した。野手起用に踏み切った監督のバーローは、「ルースの打率が下がってくれれば、嫌気がさして、投手専任に戻してくれと泣きついてくる」と予想していたが、ルースが泣きついてくることは一切なかった。

6月に入るとルースは、打者としてのプレーを望み、投手としては月間、わずか2登板1先発で0勝2敗、防御率6・48に終わった。

しかし、打者に重きを置いたルースはすごかった。6月2日、敵地ネビン・フィールド

（現タイガー・スタジアム）でのタイガース戦。9番投手でスタメン出場したルースは、8回を投げ4失点で4敗目を喫する。打者としては6回表に第4号ソロ本塁打を記録した。

翌3日は、初めて3番中堅手でスタメン出場。第1打席、放物線を描いた打球はライトスタンドに飛び込む第5号ソロ本塁打となった。

翌4日、前日同様に3番中堅手としてスタメン出場。この日は、6回表に走者を1人置いて第6号2ラン本塁打を記録した。

翌5日、敵地リーグ・パークでのクリーブランド・インディアンス戦。この日も3番中堅手でスタメン出場。リーグ・パークはライトポールまで88メートルしかなかったために高さ13・7メートルのフェンスが設置されていた。1点を追う6回表、1アウト、ランナー一塁の場面でルースの放った打球は、高々と舞い上がり、悠々と13・7メートルのライトフェンスを越えて行く第7号逆転2ラン本塁打となった。

これで4試合連続本塁打。ＭＬＢの連続試合本塁打記録は、１９５6年にデール・ロング、87年にドン・マッティングリー、93年にケン・グリフィー・ジュニアが記録した8試合連続なので、この時代にルースが記録した4試合連続本塁打が、いかに驚異的だったかわかるだろう。なおルースは、このリーグ・パークで、29年8月11日に通算５００本塁打を記録している。

6月7日、敵地でのインディアンス戦。4番左翼手でスタメン出場したルースは、7回裏に左翼手から3番手投手としてリリーフ登板するも、1アウトしか奪えず2失点を喫する。その後、左翼手に戻ってプレーを続けた。1915年までルースとともにレッドソックスでプレーをして、16年にインディアンスに移籍した殿堂入りの名選手トリス・スピーカーは、「先発投手をやりながら、野手としてもプレーをする。怪我のリスクが増えるだけでナンセンスだ。ルースのキャリアは長く続かないだろう」と、ルースの二刀流に否定的な意見を述べていた。

6月15日、敵地スポーツマンズ・パークでのセントルイス・ブラウンズ戦。4番左翼手でスタメン出場したルースは、4対4でむかえた7回表2アウト、走者を2人置いた場面で第8号決勝3ラン本塁打を放った。なお、このスポーツマンズ・パークでは、1931年8月21日に通算600号本塁打を記録する。

6月25日、敵地でのヤンキース戦。4番中堅手でスタメン出場すると、初回に走者を1人置いて、右翼スタンドへ第9号先制2ラン本塁打を記録した。

6月28日、敵地でのセネターズ戦。4番中堅手でスタメン出場したルースは、7回表に唯一の得点となる第10号ソロ本塁打を記録。

6月30日、敵地でのセネターズ戦。3番中堅手でスタメン出場したルースは、好敵手ジョンソンから、1対1でむかえた延長10回表、ライトスタンドへ第11号決勝2ラン本塁打を記録した。1918年シーズンに最多勝、最優秀防御率、最多奪三振の「投手三冠王」を獲得したジョンソンは、シーズン326イニングを投げて、許した本塁打はわずか2本。その2本は、5月7日と6月30日にルースに打たれたものだった。ジョンソンは、「誰の打球が一番強い打球かを断言することは難しい。しかし、ルースの本塁打は、どの打者の打球よりも速く、小さくなり、消えて行った」と晩年に回顧した。

6月のルースは、打者として25試合に出場して2割5分8厘、8本塁打、27打点を記録。結果的にジョンソンから記録したこの本塁打が、1918年最後の1本となった。

史上初のシーズン二桁勝利、二桁本塁打を達成

7月5日、敵地シャイブ・パークでのフィラデルフィア・アスレチックス戦。試合が行なわれたシャイブ・パークは、木造建築が一般的だった球場で、史上初めて鉄筋コンクリートで建設され、1909年4月12日に開場した球場である。この日、ルースは6月7日

のインディアンス戦でリリーフ登板して以来、先発では６月２日のタイガース戦以来となる、４番投手で久しぶりの登板を果たした。打者としては無安打だったが、投手として延長10回を一人で投げ抜き、３失点で５勝目を記録した。

７月17日、本拠地でのブラウンズ戦。ダブルヘッダーの２試合目に先発したルースは、５回無失点。試合は日没コールドゲームとなり、ルースは６勝目を手にした。現存する最古のボールパーク、フェンウェイ・パークが開場したのは、１９１２年４月20日。そのフェンウェイ・パークに照明灯が設置されたのは47年になる。

７月29日、敵地でのブラウンズ戦は４番投手でスタメン出場。この時代のブラウンズでは、希代の安打製造機ジョージ・シスラーがプレーしていた。シスラーが１９２０年に記録したシーズン２５７安打は、２００４年にイチローに更新されるまで84年間、シーズン最多安打記録として君臨した大記録である。この日は、シスラーを３打数０安打に抑え、９回２失点で７勝目を記録した。

７月のルースは、打者として27試合に出場して２割９分３厘、０本塁打、13打点。投手としては３先発３勝０敗、防御率１・88を記録した。

８月は、二桁勝利を目指して、投手ルースの月となった。

8月1日、敵地でのブラウンズ戦。4番投手でスタメン出場。この日もシスラーを3打数0安打に抑えたルースは、9回1失点で8勝目を記録した。

8月4日、敵地でのインディアンス戦。4番投手でスタメン出場すると、1回表、打者ルースのタイムリーで1点を先制。しかし、その後は投手戦に突入する。8回裏、無名選手のジャック・ファーマーに代打同点タイムリーを打たれたものの、延長12回表に勝ち越しに成功したレッドソックスが勝利。延長12回を一人で投げ抜いたルースが9勝目を手にした。

8月8日、敵地でのタイガース戦。4番投手でスタメン出場。好敵手タイ・カッブに2安打を打たれるが、9回1失点で10勝目を記録。この瞬間、ベーブ・ルースは史上初めて、シーズン二桁勝利、二桁本塁打を記録した選手となった。

8月12日、本拠地でのヤンキース戦に4番投手でスタメン出場。9回2失点の好投も6敗目を喫する。

8月17日、本拠地でのインディアンス戦。4番投手でスタメン出場すると、9回5安打、2失点で11勝目を記録した。

8月20日、本拠地でのインディアンス戦。スピーカーに2安打されるなど、この日は、インディアンス打線に捕まり、７回13安打、８失点の大炎上で７敗目となった。

８月24日、本拠地でのブラウンズ戦。この日は７番投手でスタメン出場。打順を下げられたこの日は、打者ルースは２打数０安打。投手ルースは、９回１失点の好投を見せて12勝目を記録。

８月31日、本拠地でのアスレチックス戦。４番投手でスタメン出場。１回表、アスレチックスの４番ジョージ・バーンズが先制タイムリーを記録。１９１８年バーンズはリーグ最多安打となる１７８安打を記録した。初回に被安打２で１失点を喫したルースだが、２回から９回までに許した安打はわずか１本。９回１失点で13勝目を手にした。８月は８先発で６勝２敗、防御率１・73。打者としては24試合出場で２割８分２厘、０本塁打、９打点を記録した。

アメリカンリーグを制覇したレッドソックスは、ワールドシリーズでカブスと対戦した。

９月５日、敵地コミスキー・パークでの第１戦は９番投手でスタメン出場。４回表に挙げた１得点を投手ルースが守り抜き、１対０の完封勝利を記録した。ちなみにこの試合の７回表裏のイニング間に、アメリカ海軍の音楽隊により「星条旗」が初めて演奏された。戦火の中で開催されたワールドシリーズだけに、１万９２７４人の観衆は、声をあげて

「星条旗」を歌い、熱狂した。その後、各地で行なわれる試合でも「星条旗」が流されるようになり、1931年に正式にアメリカ国歌となった。

9月9日、本拠地での第4戦には6番投手でスタメン出場。4回裏、ルースの2点タイムリー三塁打でレッドソックスが先制する。8回表に同点に追いつかれたものの、8回裏に相手の2番手投手フィル・ダグラスの悪送球で勝ち越しに成功した。勝ち投手の権利が発生したルースは、9回表に投手から左翼手へ守備位置を変更。試合は、そのまま3対2でレッドソックスが勝利。ルースは投手として2先発2勝0敗、防御率1・06を記録してチームの世界一に大きく貢献。先発投手以外での出場は、第6戦8回表から左翼手に入ったが打席は回ってこなかった。

このワールドシリーズで投手ルースは、1916年にブルックリン・ロビンズと対戦したワールドシリーズ第2戦の1回途中から、この年の第4戦の8回途中まで、29回2／3連続無失点を記録。この記録は、61年にヤンキースのホワイティー・フォードに破られるまで、ワールドシリーズの連続無失点記録として残されていた。ルースは晩年、「投手としての記録の中では、最も誇らしい記録だ」と回顧している。

史上初めて同一シーズンで二桁勝利、二桁本塁打を記録した１９１８年のベーブ・ルースの成績は、投手として20登板、19先発、13勝７敗、防御率２・22、18完投、１完封、投球回数は１６６回１／３、40奪三振、49与四球。打者としては、95試合に出場して打率３割、11本塁打、61打点、58三振、58四球だった。11本塁打は、フィラデルフィア・アスレチックスの外野手ティリー・ウォーカーと並んでＭＬＢ最多タイとなり、ルースはキャリアで初めて本塁打王のタイトルを獲得した。そして、58三振もＭＬＢ最多だった。このシーズンから投手以外で試合に出場するようになったルースは、左翼手で47試合、中堅手で12試合、一塁手で13試合に出場し、合計12失策を記録した。

打者として覚醒

ワールドシリーズが終了すると、ルースは「働くか、戦うか」の命に従い、ペンシルベニア州の製鉄所の役員になり、徴兵を免除された。なお、１９１８年は「スペイン・インフルエンザ」通称スペイン風邪が世界中で猛威を振るった。世界中で推定１億人が死亡したとされ、ルースもシーズン中にスペイン風邪に罹患《りかん》したと言われている。そのため、ユニフォームを着てマスクを着用した選手たちの写真が現在でも数多く残されている。18年

11月11日に第一次世界大戦は終戦をむかえ、選手たちがフィールドに戻ってくることが決定した。

1919年、このシーズンも154試合ではなく、140試合でレギュラーシーズンが行なわれた。この年からルースは、二刀流ではなく、打者ルースとして覚醒《かくせい》していくこととなる。シーズン130試合に出場したルースは、投手としては17登板、15先発のみとなった。しかし、打者に重きを置いたルースは、一気に時代の寵児《ちょうじ》へと駆け上がって行った。

4月23日、敵地でのヤンキース戦。初回に第1号ランニング2ラン本塁打を記録する。

7月5日、本拠地でのアスレチックス戦。ダブルヘッダーの2試合目に4番左翼手でスタメン出場したルースは、8回裏に相手先発ジン・ジョンソンから第8号2ラン本塁打を放ち、10回裏に回ってきた次の打席でも豪快な第9号ソロ本塁打を記録した。この試合がルースにとってキャリア初となるマルチ本塁打を放った試合となった。

シーズン68試合目となった7月12日、敵地コミスキー・パークでのホワイトソックス戦。4番左翼手でスタメン出場したルースは、3回表に豪快な3ラン本塁打を記録。この日の1本がシーズン第11号となり、早くもシーズン自己最多に並んだ。

7月18日、敵地でのインディアンス戦。4番左翼手でスタメン出場したルースは、4回表に逆転となる第12号2ラン本塁打を記録。再び逆転されてむかえた9回表、2アウト満塁で打席に入ったルースは、三番手投手のフリッツ・コンベから、逆転となる第13号満塁本塁打を記録した。

当時のアメリカは、第一次世界大戦の戦勝ムードに沸き上がる一方、職を求める大量の帰還兵、大規模なストライキ、左派過激派による爆弾テロなど、「赤の恐怖」と称される混乱の時代でもあった。しかし、アメリカ国民は「今日よりも明日、明日よりも明後日《あさって》」に豊かな生活が待っていると感じることができた時代でもあった。そんな時代に本塁打を量産するベーブ・ルースは、「唯一無二の存在」として人々に認知されていった。そして、ルースが放つ、豪快な本塁打を一目見ようと、人々は球場に駆けつけた。当時アメリカンリーグのシーズン最多本塁打記録は、１９０２年にアスレチックスのソックス・セイボルドが記録した16本だった。

8月14日、敵地でのホワイトソックス戦。4番左翼手で出場したルースは、7回表、2番手のディッキー・カーから第17号2ラン本塁打を放ち、アメリカンリーグの最多本塁打記録を更新した。ルースの次なるターゲットは、１８９９年にワシントン・セネターズのバック・フリーマンが記録したMLBのシーズン最多本塁打記録の25本となった。

9月8日、敵地でのヤンキース戦。ダブルヘッダーの1試合目に4番左翼手でスタメン出場したルースは、8回表、1アウト走者なしで打席に入り、相手先発のハーブ・ソーマレンが投じた4球目を強振、打球は綺麗《きれい》な放物線を描きながらライトスタンドへ消えて行く第26号ソロ本塁打となった。

その後、3本を追加したルースの本塁打は29本となった。シーズン最多本塁打記録を更新したルースは、2年連続で本塁打王を獲得。この年、ルースに次ぐ本塁打を記録したのが、6度の本塁打王を獲得したフィリーズのギャビー・クラバスの12本だったことを考えると、いかにルースの本塁打数が異次元だったかがわかる。伝説の打者タイ・カッブは、「投手は、打席で大振りして、三振しても咎《とが》められることはない。ルースは投手時代に、その状況を活《い》かして、打球を遠くに飛ばすスキルを身につけていった」と語った。

ヤンキースへ移籍「ボストンのルースを連れて来てくれ」

1918年、レッドソックスの観客動員数は24万9513人だったが、19年は、ルースの本塁打効果もあり41万7291人と倍近く増えた。ルースは、19年3月に、21年までの

３年２万７０００ドルの契約に合意していたが、自分の市場価値を理解していたため、レッドソックスのオーナー、ハリー・フレイジーに対して年俸２万ドルを要求。フレイジーは、ブロードウェイでのミュージカルに出資する費用が必要だったと言われているが、球団経営でも12万５０００ドルの負債を抱えていたために、ルースの要求に応えることができず、ルースの売却を決断する。

ニューヨークの社交界でヤンキースの副オーナー、ティリンゴースト・ヒューストンに近づいたフレイジーは、「ルースを適正な価格で譲ってもいい」と耳打ちした。その頃、筆頭オーナーのジェイコブ・ルパートは、ヤンキースの監督、ミラー・ハギンズに「チームを強くするためには何が必要だ」と問いかけた際に、ハギンズに「ボストンのルースを連れて来てくれ」と答えたと言われている。

１９１９年12月26日、ベーブ・ルースは10万ドルでヤンキースへ売却された。この交渉中にルパートは、フレイジーに現金10万ドルを渡し、30万ドルを融資している。

１９２０年１月６日、ルースはレッドソックスと結んだ３年２万７０００ドルの契約を継続する代わりに、２万ドルの特別ボーナスを受け取る契約書にサインをした。ルースを放出する以前のレッドソックスは、03年、12年、15年、16年、18年にワールドシリーズを制覇していたが、ルース放出後は、46年にようやくワールドシリーズの舞台に復帰を果たしたもののカージナルスに敗れ、その後もワールドシリーズに3度進出するがすべて敗退することになる。この勝てない時代が、MLBの世界で長く語り継がれてきた「バンビーノの呪い」である（バンビーノはルースの愛称）。「バンビーノの呪い」は、2004年にレッドソックスがワールドシリーズを制覇するまで、86年間続くこととなる。

恐ろしい「呪い」がかけられたレッドソックスとは対照的に、ルースを獲得したヤンキースは、その後、MLBの長い歴史上、最も成功を収めたチームへと変貌して行く。

当時ヤンキースが本拠地としていたポロ・グラウンズは、センターまでは147メートルの距離があったが、ライトポールまでは78・5メートルの距離しかなかった。当時の野球関係者は、「いくらライトが狭いポロ・グラウンズでも、29本塁打以上を打つことはできない。1919年が異常すぎた」という声が大勢を占めていた。

1920年4月14日、敵地でのフィリーズ戦。4番中堅手でヤンキースでのデビューを飾ったルース。しかし、バッティング中に手を故障して精彩を欠き、4月は9試合に出場して0本塁打だった。

関係者の見立ては正しいと見られたが、答えは違った。手の故障が癒えたルースは、5

月1日、本拠地でのレッドソックス戦でライトスタンド上段に突き刺さる第1号ソロ本塁打を記録すると、一気に量産モードに突入する。5月に月間記録となる12本塁打を記録。この頃になるとポロ・グラウンズには、ルースの本塁打を見るために大勢のファンが連日詰め掛けていた。

5月16日のインディアンス戦では、当時、収容人数が3万4000人だったポロ・グラウンズに3万8600人が押し寄せた。この観客動員数は、ポロ・グラウンズが改修されるまで記録として残ることとなった。

6月に入ってもペースは落ちずに月間12本塁打を記録。

7月15日、本拠地でのブラウンズ戦。4番右翼手でスタメン出場したルースは、延長11回裏にサヨナラ3ラン本塁打を記録。この1本が自身の記録に並ぶ第29号となった。

7月19日、本拠地でのホワイトソックス戦。ダブルヘッダーの2試合目に4番左翼手でスタメン出場したルースは、4回裏に第30号2ラン本塁打を放ち、自身のMLB記録をあっさりと更新した。さらに、9回裏に回ってきた最終打席で特大の第31号ソロ本塁打も記録。当時、プロ野球のシーズン最多本塁打記録は、1895年にマイナー組織であるウエスタンリーグのミネアポリスでプレーしていたペリー・ワーデンが記録した45本とされていた。

7月は自身が作った月間最多本塁打記録を更新する13本塁打を放った。8月に入ると本塁打のペースは落ちたが、8月終了時点でワーデンの記録に迫る44本塁打を記録した。

9月4日、敵地でのレッドソックス戦。ダブルヘッダーの第1試合に3番右翼手でスタメン出場したルースは、3回表にワーデンに並ぶ第45号ソロ本塁打を記録。むかえた第2試合も3番右翼手でスタメン出場し、6回表に相手先発バレット・ジョー・ブッシュからライトスタンド上段に突き刺さる第46号ソロ本塁打を記録した。

この時点で、MLBを含むプロ野球でのシーズン本塁打記録は、すべてベーブ・ルースのものとなる。最終的にルースの本塁打は54本まで伸びた。1920年シーズンでルースに次ぐ本塁打を記録したのは、セントルイス・ブラウンズのジョージ・シスラーの19本だった。

ルースの「本塁打狂騒曲」の影響で、1919年は観客動員数が61万9164人だったポロ・グラウンズに、20年は128万9422人が押し寄せた。このときの動員数がMLB史上初の100万人超えとなった。

「デッドボール時代」から「ライブボール時代」へ

１９２０年に驚異的なペースで本塁打を量産したルースだが、この年のシーズンからMLBは、ボールメーカー「AJリーチ・カンパニー」社製の新しい公式球を導入している。この公式球は、当時最先端の機械により製造され、粗悪品だった「デッドボール時代」とは、比較にならない高品質な公式球となった。この公式球の導入で「デッドボール時代」から本塁打が量産される「ライブボール時代」へと変わっていくこととなり、MLBは第一期黄金期をむかえた。

１９２０年8月16日にヤンキースの本拠地で行なわれたインディアンス戦で、インディアンスの遊撃手レイ・チャップマンが左側頭部に死球を受け、12時間後に死亡した悲劇をきっかけに、試合中のボールの管理が整備されていったことも、本塁打量産時代突入の要因となった。

そして、MLBの歴史に残る悪夢「ブラックソックス事件」が発覚したのも１９２０年だった。レッズとホワイトソックスが対戦した19年のワールドシリーズで、ホワイトソックスの選手たちが賄賂《わいろ》をもらい、八百長試合を行なっていたことが新聞報道で発覚する。

20年シーズン後に開かれた大陪審で選手たちが八百長を認め、当時の人気選手、シューレス・ジョー・ジャクソンを始め、8選手が永久追放となった。

当時のホワイトソックスのオーナー、チャールズ・コミスキーは極端な緊縮財政でチームを経営していた。選手の年俸は他チームに比べて低く設定され、ユニフォームのクリーニング代ですら選手の自腹だったと言われている。そんな状況の中でプレーをしていた選手たちがマフィアの誘いに乗り、不正行為に手を染めていったことがわかると、永久追放処分を受けた選手たちに同情的な声も増えていった。しかし、現在も永久追放処分は解かれていない。この「ブラックソックス事件」の発覚で、国民的娯楽と称されるMLBの人気は、一時的に下降線を辿《たど》ったが、ベーブ・ルースの豪快な本塁打が危機を救った。

「観衆が本塁打に対してブーイングをするのは聞いたことがないが、三振の後には、たくさんのブーイングを聞いたことがある。それでも、三振を恐れることはない」と語るルースは、その後も本塁打を量産してファンを熱狂させた。観客動員数は毎年100万を超え、ヤンキースに莫大《ばくだい》な収益をもたらした。その収益を原資にヤンキースは、1923年4月18日、「ルースが建てた家」と呼ばれるヤンキー・スタジアムを開場した。

開場の日、ルースは3番右翼手でスタメン出場。3回裏に回ってきた第2打席で、レッドソックス先発のハワード・エームケから記念すべきヤンキー・スタジアム第１号となる３ラン本塁打を記録。この年、ルースの活躍もあり、ヤンキースはワールドシリーズで宿敵ニューヨーク・ジャイアンツを破り、球団史上初となる世界一に輝いた。

ヤンキー・スタジアムが開場する１年前、１９２２年３月４日、ルースはヤンキースと年俸５万２０００ドルの３年契約にサイン。年俸額は、過去の最高年俸選手の２倍以上で、チーム総年俸の40％を占めていた。

シーズン60本塁打、そして引退

ルースが名実ともに「ＭＬＢの王様」として君臨していた時代。華やかな生活を謳歌《おうか》するルースは、暴飲暴食など不摂生な生活を続け、プレーに影響が出るほどの体調不良を繰り返すなど、問題行動が目立つようになっていた。

ルースが手に負えないとき、ヤンキースは密《ひそ》かにボルチモアから恩師バウトラー神父を呼び、ルースに説教をしてもらっていた。またあるときには、パーティーの席上で酔いつぶれているルースに、後にニューヨーク市長になるジミー・ウォーカーが、「アメリカ中の子どもたちが、君を英雄のように思いながら、ラジオで毎日、君のプレーを聴いている。

その英雄がこんなところで酔いつぶれて、子どもたちを失望させるな」と説いた。そのときルースは、涙を流しながら、ウォーカーの話を聞いたと言われている。

しかし、長年続いた不摂生でルースの身体は悲鳴をあげていた。1925年シーズンに遠征先で倒れ、緊急入院。ニューヨークに戻った後もバスルームで意識がない状態で倒れているのを発見された。イギリスの新聞が「ルース死亡」の記事を報道するなど、ルース死亡の噂がアメリカ中を駆け巡った。6週間近く寝たきりの状態で入院していたルースだが、正確な病名は現在も謎のままである。

ルースは退院後の12月、元ボクサーで有名なパーソナル・トレーナー、アーティー・マクガバンに師事する。マクガバンはルースに適切な食事と規則正しい生活を厳守させ、トレーニングメニューを実行させることで、ルース復活に大きく貢献した。

1926年、体調を取り戻したルースは47本塁打を記録する。

数多く存在する「ルース伝説」の一つである、入院中の少年との約束の本塁打が記録されたのもこの年だった。乗馬中に落馬して大怪我を負った11歳のジョニー・シルベスターとワールドシリーズで本塁打を打つと約束したルースは、実際にカージナルスとのワールドシリーズで本塁打を記録。後日談では、実は本塁打を打つ前にシルベスターとは面識がなく、友人から怪我をしている少年が、ルースの本塁打を期待していることを伝え聞いただけだった。ワールドシリーズ終了後にシルベスターのもとへお見舞いに訪れたことが新聞で報道され、いつしか「少年との約束の本塁打」という美談に変わったそうだ。

１９２７年、デビュー５年目をむかえた４番一塁手、24歳のルー・ゲーリッグと３番右翼手ルースを要するヤンキース打線は、「マーダラーズ・ロー（殺人打線）」と恐れられ、猛威を振るった。ルーキー時代から自ら打撃指導を行ってきたゲーリッグの大ブレイクにルースは「ゲーリッグがいたから、自分は好成績を残すことができた」と語った。この年ルースは、前人未到となる60本塁打を記録。シーズン途中までルースを上回るペースで本塁打を量産したゲーリッグは、47本塁打を記録した。

１９３２年、ルース伝説の中で最も有名な「予告本塁打」が誕生した。

カブスとのワールドシリーズ、リグレー・フィールドで行なわれた第３戦、第１打席でカブス先発チャーリー・ルートから右中間スタンドに突き刺さる先制３ラン本塁打を記録。そして、５回表１アウト走者なしでむかえた第３打席。２ストライク、１ボールと追い込まれたルースは、強烈な野次を飛ばしていたカブスのベンチやスタンドのカブスファンに指をさす行為を打席中に何度も繰り返した。相手先発ルートが次の投球に入る直前、ルースの指先がセンター方向に向けられた。その直後、ルートが投じたカーブを強振したルースの打球は、センター方向へ高く、高く舞い上がり、推定飛距離150メートルの特大本塁打となった。

試合直後には、ルースは予告本塁打だったとは明言しなかったものの、後に、あのときの本塁打を「ショット」と呼び、予告本塁打だったと語っている。だが、打たれたルートは、「予告なんかしていない」と回顧している。「あのときは、身体に近いところにきたボールにルースが怒って、ルートに対して指をさしただけ」「完全に予告していた」など、様々な憶測が飛び交いながら語り継がれている。

現在でも残されている写真やフィルムなどからは、核心的な証拠は見つかっていない。しかし、アメリカの野球ファンの中では、MLBの歴史に残された「素敵なおとぎ話」として、ルースの予告本塁打を信じているファンが大半を占めている。唯一、確実なのは、あの本塁打が「ルースの怒りの本塁打」だったことだ。自伝の中でルースは、「あの試合は、野次もそうだが、カブスファンが妻クレアに唾を吐きかけるなど、怒りに震えていた」と回顧している。そして、この伝説の本塁打が、ルースがワールドシリーズで記録した最後の１本となった。このときルースは37歳だった。

もう一つ、ＭＬＢに伝わる都市伝説を紹介したい。

ある少年が「ナショナルリーグの名投手カール・ハッベルとアメリカンリーグのベーブ・ルースの対決が見たい」と書いた手紙がきっかけとなり、シカゴの大手新聞社『シカゴ・トリビューン』の編集者アーチ・ウォードが尽力し、オールスターゲームの開催が決定したと言われている。だが、後の調査では少年の手紙や少年の存在を示す資料が一切見つからず、真偽のほどは不明となっている。

１９３３年、シカゴのコミスキー・パークで行なわれた第1回オールスターゲームに、3番右翼手でスタメン出場したルースは、3回裏に回ってきた第2打席で、ライトスタンド上段に突き刺さる記念すべきオールスター第1号本塁打を記録している。

１９３４年、ヤンキースでプレーした最後のシーズンは、１２５試合に出場し、打率2割8分8厘、22本塁打、84打点だった。シーズン終了後に極東遠征の代表チームの一員として来日したルースは、日本各地で試合を行い、大歓迎を受けた。

ルースは現役を引退してヤンキースの監督に就任することを思い描いていたが、監督就任の可能性がゼロだったことに加え、年俸わずか1ドルの提示を受けたことが決定打となり、ヤンキースを退団した。

1935年2月26日、ボストン・ブレーブスへのトレードが成立。ブレーブスは、ルースに選手兼助監督の地位を与え、数年後の監督就任も約束していた。しかし、監督就任や球団の収益分配など、トレード成立後に交わされた条件がすべて虚偽だったことが判明してルースは激怒。引退を決意した。

5月25日、敵地フォーブス・フィールドでのピッツバーグ・パイレーツ戦に3番右翼手でスタメン出場したルースは、1試合3本塁打を記録。7回表、第4打席で放った3本目は、ライトスタンドを越えて行く場外本塁打だった。1915年5月6日に記録した第1号から数えて通算714本目となるこの1本が、ベーブ・ルースが記録した最後の本塁打となった。

5月30日、敵地ベイカー・ボウルで行なわれたフィラデルフィア・フィリーズ戦。3番左翼手でスタメン出場したルースは、第1打席で内野ゴロを打ち、走塁の際に膝《ひざ》を痛めて交代。これが最後の試合となった。

6月2日、ニューヨーク・ジャイアンツ戦後、クラブハウスに記者を集めて引退を発表。

「野球と出会っていなかったら、今頃、刑務所か墓場にいる」と常々語っていたルースの輝かしい野球人生が終わりを告げた。

１９４８年８月16日、午後８時１分。病院の外で何千人ものファンが徹夜で祈りを捧《ささ》げる中、ベーブ・ルースは鼻咽頭癌《びいんとうがん》により53歳の若さで永眠。ルースの棺《ひつぎ》は、ヤンキー・スタジアムに２日間安置され、７万７０００人のファンが最後のお別れに訪れた。

アメリカの６歳から16歳までのすべての男の子がグラブをはめて、バットを振るようになるまで、私は幸せではありません。

――ジョージ・ハーマン・「ベーブ」・ルース・ジュニア

（ベーブ・ルース公式ＨＰ　baberuth.com　より　拙訳）

第3章　「投」の考察と変遷

大谷翔平、復活から進化へ

投手としてさらなる進化を遂げた2022年の大谷翔平。

MLB1年目の2018年は10先発で、19年は右肘腱《ひじけん》移植手術の影響で登板なしだった。20年は2先発、21年は23先発。そして、22年は28先発を記録した。

2018年の球種の割合と平均球速は、ストレート46・4%、155・7キロ。スライダー24・6%、131・2キロ。スプリット22・4%、140・6キロ。カーブ6・6%、119キロとなる。1年目の最大の武器は、被打率0割3分6厘、空振り率は驚異の56・4%を記録したスプリットだった。

右肘腱移植手術から完全復活となった2021年は、ストレート44・1%、153・9キロ。スライダー22%、132・3キロ。スプリット18・3%、142キロ。カットボール12・1%、139・9キロ。カーブ3・6%、120・3キロだった。このシーズンでも最大の武器は、被打率0割8分7厘、空振り率48・5%を記録したスプリットだったが、シーズン中盤以降に使用頻度が増したカットボールがよいスパイスとなり、効果を発揮した。

1974年にドジャースのチームドクターを務めていた、フランク・ジョーブ医学博士によって考案された靭帯《じんたい》移植手術。最初に手術を受けた左腕投手トミー・ジョンの名前から、この手術は通称「トミー・ジョン手術」と呼ばれるようになった。トミー・ジョンが手術を受けた当時は、再び投球できるまでに回復する確率は1％程度とされていたが、医学の発展と術後のリハビリ方法が飛躍的に進歩を遂げたことにより、現在では97％近い成功率と言われている。

手術を受けた選手は、リハビリを経て、約15ヶ月後には実戦復帰できるとされているが、実際に万全の状態に戻るまでには、18ヶ月以上の日数が必要とされている。

大谷は、2018年10月1日にロサンゼルス市内の病院で、エラトロッシュ医師の執刀によるトミー・ジョン手術を受けた。

リハビリを消化した大谷は、2020年7月26日のオークランド・アスレチックス戦で、18年9月2日以来、693日ぶりの復帰登板を果たしたが、1アウトも取れずに降板する。

続く8月2日のヒューストン・アストロズ戦では、2回中盤から急速にスピードが落ちてしまい緊急降板。その後の検査で右肘の故障が発覚した。トミー・ジョン手術の経験者であるダルビッシュ有は常々、「術後、完全に戻るのに24ヶ月はかかる」と語っている。その言葉どおりに大谷は、2021年に完全復活を果たし、22年をむかえた。

2022年は、スライダー39・1%、137・2キロ。ストレート27・6%、156・5キロ。スプリット12%、143・7キロ。カットボール9・1%、145・6キロ。カーブ8・6%、125キロ。シンカー3・7%、156・4キロという内訳だった。

2018年とは大きく球種の割合が変化しているが、特筆すべきは、各球種の平均速度である。18年と比較すると、ストレートは155・6キロから156・5キロ。スライダーは131・1キロから137・2キロ。スプリットは140・4キロから143・7キロ。カーブは118・9キロから125キロへと大きく向上している。この平均球速のアップが、トミー・ジョン手術を受け、復活を果たした21年を経て、22年にさらなる進化を遂げた証《あか》しである。

球速が増した大谷は、アメリカンリーグ1位となる9回平均11・873奪三振を記録。219奪三振はリーグ3位だった。制球力も安定して、2021年は130回1／3を投げて54与死四球、9回平均与四球率3・0。22年は166回を投げて、46与死四球、9回平均与四球率2・4を誇った。200奪三振以上を記録したアメリカンリーグの投手で、与四球率で大谷を上回ったのは、与四球率2・2を叩《たた》き出したヤンキースの奪三振王ゲリット・コールしかいない。22年の大谷は、「より速く、より強く、より正確」に進化を遂げたことになる。

あらゆるデータが可視化される

ＭＬＢは、２０１５年から全球場に、選手やボールの動きを瞬時に分析できる解析ツール「スタットキャスト」を導入した。このスタットキャストは、移動速度や変化が計測できるドップラー・レーダーを利用した弾道解析システム「トラックマン」、画像解析システム「トラキャブ」を使い、フィールド上で行なわれているすべてをデータ化して、可視化することを可能にした。現在のＭＬＢは「スタットキャスト時代」と称されている。

例えば、２０１８年に大谷が投げたスライダーの平均回転数は２３１９回転だったのに対して、22年のスライダーは２４９２回転だった。また、強い打球を打たれる確率を示すハードヒット率は、21年が39・９％だったのに対して22年は33・２％だったことなど、すべての事柄が可視化されている。

そのスタットキャストに「セイバーメトリクス」と呼ばれる統計学データ分析を加え、選手は膨大な情報の中でプレーしている。投手大谷が相手打者を２ストライクに追い込んだ場合、次の球種は、セイバーメトリクスが統計学データによりスライダーを示唆して、スタットキャストがアウトコースに逃げていく2300回転のスライダーを予想する。そんなデータを打者が準備して、大谷と対戦している。もちろん、投手大谷も相手打者のデータを学習して投球に反映している。

一方、ベーブ・ルースの時代は、スタットキャストもなければ、1970年代に提唱されたセイバーメトリクスもない。投手は、ただ投げ、打者は、ただ打つだけの時代だった。大谷は、ストレート、シンカー、スライダー、カーブ、カットボール、スプリットなど、多種多彩な変化球を武器にしているが、ルースが投手だった時代は、ストレート、カーブ、スライダーの3球種が中心で、他の変化球も存在していたが、現在の精度とは比較にならないレベルだった。その他に、球種と呼ぶに相応《ふさわ》しいかはわからないが、唾《つば》や噛《か》みタバコのヤニや泥などをボールに塗る「スピットボール」や、隠し持ったヤスリや爪でボールに傷を付ける「エメリーボール」などがあった。

変化球の誕生

変化球の歴史は、カーブから始まったと言われている。

1863年、当時14歳だったキャンディ・カミングスは、海岸で友達とアサリや蛤《はまぐり》の貝殻を海に投げて遊んでいた。するとカミングスは、自分が投げた貝殻が空中で大きく曲がることを発見。その後、一時間近く貝殻を投げて、大きく曲がる方法を探し出したカミングスは友人に「これを野球のボールでできたら、面白いことになるぞ」と語った。

17歳になったカミングスは、アンダースローから投げるカーブを武器にブルックリンのアマチュアチームで37勝2敗の好成績を残した。「ハーバード大学と対戦したときにボールを曲げて、空振りを何度も奪えた。試行錯誤のすえ、新しいボールが完成したと感じた」と振り返る。その後、プロ野球選手となったカミングスは通算145勝を記録した。

カーブボールの開発者については別の説もある。1870年8月16日にフレッド・ゴールドスミスが、ブルックリンのカピトリーノ・グラウンズで大きく曲がるボールを投げるデモンストレーションを行ったときが、初めてカーブを投げた瞬間とする説が有力視されていたのだが、カミングスは1939年に「初めてカーブを投げた投手」として野球殿堂入りを果たしている。

カーブの次に市民権を得た変化球はスライダーである。こちらも諸説あるが、1903年にフィラデルフィア・アスレチックスでMLBデビューを飾った、チーフ・ベンダーが投げていた「ニッケル・カーブ」が現在のスライダーの元祖と言われている。ルースと同時代に速く横に曲がる変化球を武器に活躍したクリーブランド・インディアンスの投手ジョージ・ウーレが「スライダー」の名称を考案したとされ、ルースは「ジョージが最もタフな投手だった」と回顧している。

チェンジアップの起源は、1880年代から90年代にプレーしていたティム・キーフが投げていた「スローボール」とされている。キーフは引退後、ハーバード大学の投手コーチや、ナショナルリーグの審判などを務め、1964年に殿堂入りを果たしている。殿堂に飾られているキーフのレリーフには、「史上初めてチェンジ・オブ・ペースを投げた投手」と書かれている。

ナックルボールは、MLB通算208勝を記録したものの、「ブラックソックス事件」で永久追放処分を受けたエディ・シーコットが1908年に開発した。「ふらふらと蝶《ちょう》のように動き、バットから逃げて行く」とルースは語っている。シーコットが開発して以降、各年代に優秀なナックルボーラーを輩出してきたMLBだが、全投球の90%をナックルボールが占める真のナックルボーラーは、2019年までボストン・レッドソックスでプレーしたスティーブン・ライトが最後とされ、ナックルボーラーは絶滅危惧《きぐ》種となっている。

フォークボールは、１９１６年8月26日にノーヒット・ノーランを達成した、アスレチックス所属のバレット・ジョー・ブッシュが開発したとされている。また、同時代にボールを浅く挟むスプリットも誕生した。フォークボールはその後、69年にセーブが公式記録に認定される以前からクローザーとして大活躍を見せていた、ロイ・フェイスの決め球として広く認知された。フェイスは、シーズン20セーブを2度記録したＭＬＢ史上初のリリーフ投手で、リリーフ登板での通算96勝は、現在もナショナルリーグの記録として残っている。

一方、スプリットは、現役時代に使い手として有名だったロジャー・クレイグが、１９７０年代後半から90年代前半にかけて監督を務めた、サンディエゴ・パドレスとサンフランシスコ・ジャイアンツ時代に、積極的に自軍の投手陣に教えたことが市民権獲得につながった。

現在では、カーブの派生で「パワーカーブ」「ナックルカーブ」、チェンジアップの派生で「サークルチェンジ」「バルカンチェンジ」「パームボール」など、各球種で様々なバリエーションが存在している。

ルースの時代の偉大な投手たち

ルースが投手として活躍したのは、1915年から19年。投手としてのピークは、23勝12敗、防御率1・75を記録した16年と、24勝13敗、防御率2・01を記録した17年の2シーズンである。

1916年は、最優秀防御率、リーグ最多の先発40試合、9完封をマーク。17年はリーグ最多の35完投を記録した。

1901年にナショナルリーグが、それまでストライクとカウントされなかったファールをストライクにするルール改正を行ない、アメリカンリーグも03年に導入。ルール改正以前は、何球ファールを打ってもストライクにはならなかった。一方、粗悪な公式球のためにボールは飛ばず、得点が極端に入らないこの時代は、前章でも述べたように「デッドボール時代」と呼ばれている。その影響もあり、後に語り継がれる伝説の投手たちが多い時代だった。

1890年8月6日、クリーブランド・スパイダーズの一員としてMLBデビューを飾ったサイ・ヤング。本名はデントン・トゥルー・ヤングだが、マイナー時代に受けたトライアウトで、投げたボールがフェンスを直撃。フェンスは破壊され、それを見たスカウトが「フェンスをサイクロンが通過したように破壊した」とつぶやいたことがきっかけで「サイ」の愛称が誕生した。ルースは自伝の中でヤングを「最も好きな選手の一人だった」と書き残している。

23歳のデビューから１９１１年に44歳で引退するまでの実働22年間で、現在もＭＬＢ記録である通算５１１勝３１５敗、８１５先発、７４９完投、７３５６投球回数という途轍《とてつ》もない数字を残している。ヤングが残した偉業を称《たた》えてＭＬＢは、ヤングが55年に88歳で亡くなった翌年に、最優秀投手を決める「サイ・ヤング賞」を制定している。

サイ・ヤングがキャリアの晩年にさしかかった１９０７年にワシントン・セネターズでデビューを飾ったのがウォルター・ジョンソン。彼こそがデッドボール時代に君臨した伝説の大投手である。勝利数、防御率、奪三振の投手三冠王を13年、18年、24年に獲得。13年から４年連続最多勝、12年から19年まで８年連続奪三振王にも輝いている。

投手ルースと投げ合い、打者ルースとも対戦したジョンソンは、ルースの最大のライバルだった。サイドスローから投げられる豪速球を見た、有名スポーツライターのグラント・ライスが、当時最速の乗り物だった機関車にかけて「彼のボールは速すぎる。まさにビッグトレイン（人間機関車）」と命名した。

伝説の打者、タイ・カッブは、「とんでもない投手が出てきた。あまりのスピードで、風を切り裂く音が聞こえる」と語った。自身の豪速球についてジョンソンは「どんな打者でも、目に見えないものは、打つことができない」という言葉を残している。

1925年にデビューを飾り、豪速球を武器に史上最多となる9度の最優秀防御率を記録した「史上最強左腕」の一人であるレフティ・グローブは、「大勢の投手と投げ合ってきたが、ジョンソンより速いボールを投げる選手を見たことがない」と晩年に語っている。

「相手の身体を狙って投げるビーンボールは、地球上で最も卑劣な行為の一つだ」と語っていたジョンソンは、紳士的な振る舞いから、同時代を生きたベーブ・ルースやタイ・カッブとも親交が深かった。

実働21年間で通算417勝、MLB史上最多となる通算110完封も記録したジョンソンだが、現役最後の試合は意外なことに、ルースがシーズン60本塁打を記録した1927年9月30日の試合での代打出場だった。史上初めて3000奪三振を記録したジョンソンの殿堂に飾られているレリーフには、「史上最も速いボールを投げた投手」と刻まれている。

「ライブボール時代」は投手受難の時代？

ＭＬＢでは、１９０１年から19年までを「デッドボール時代」、20年から41年までを「ライブボール時代」と表現する。ライブボール、すなわち飛ぶボールの時代である。01年にサイ・ヤングが33勝で最多勝を獲得したのを皮切りに、19年までの19シーズンで、最多勝投手が30勝未満だったシーズンは、７シーズンしかない。そして、この間に10人の投手がシーズン30勝以上を記録したが、ライブボール時代突入後にシーズン30勝以上を記録したのは、20年ジム・バグビー、31年レフティ・グローブ、34年ディジー・ディーン、68年デニー・マクレインの４人しかいない。このライブボール時代はまさに打者ルースの黄金期、そして、投手受難の時代だった。

ライブボール時代に突入した１９２０年にヤンキースに移籍したルースは、この年から打者に専念したものの、投手ルースとしてもヤンキースで５登板、４先発を記録している。

１９２０年６月１日、本拠地ポロ・グラウンズでのセネターズ戦。この試合でルースは４番投手でスタメン出場して４回４失点。その後、右翼手で出場を続け、４打数２安打１打点を記録している。

１９２１年６月13日、本拠地でのデトロイト・タイガース戦では、３番投手でスタメン出場して５回４失点。その後、中堅手として出場を続け、投手で１本塁打、中堅手として

1本塁打のマルチ本塁打を記録した。

同年10月1日、本拠地でのアスレチックス戦。この日は3番左翼手でスタメン出場。途中から一塁へポジションを変え、8回からリリーフ登板。8回に6失点で大炎上するものの延長11回まで投げ、チームはサヨナラ勝利を挙げルースが勝利投手となった。

1930年9月28日、敵地ブレーブス・フィールドでのレッドソックス戦。この日は3番投手でスタメン出場。投げては9回3失点、打っては5打数2安打1打点の活躍で完投勝利を記録した。

1933年10月1日、本拠地ヤンキー・スタジアムでのレッドソックス戦。3番投手でスタメン出場したこの試合が、「ルースが建てた家」と呼ばれるヤンキー・スタジアムでの初先発となった。投げては9回5失点、打っては5回裏に相手投手ボブ・ケーラインからライトスタンドに突き刺さる豪快なソロ本塁打を記録。6対5で勝利して、投手ベーブ・ルースとして現役最後の勝ち星となる通算94勝目を挙げた。ヤンキース時代の5登板は、すべてファンサービスや顔見世興行的な色合いが濃かったが、ルースは投げた試合すべてで勝利投手になっている。

打者ルースとルー・ゲーリッグを中心としたヤンキースの「殺人打線」が猛威を振るっていた時代に、ヤンキースと人気を二分していたのはニューヨーク・ジャイアンツである。そのジャイアンツのエースだったのが魔球「スクリューボール」の使い手カール・ハッベルだ。

1934年7月10日、ポロ・グラウンズで開催された第2回オールスターゲームで、ナショナルリーグの先発を務めたハッベルは、1回表無死ランナー一、二塁の場面から、アメリカンリーグの3番ルースを見逃し三振、4番ゲーリッグを空振り三振、5番ジミー・フォックスを空振り三振に仕留めると、2回表、6番アル・シモンズを空振り三振、7番ジョー・クローニンを空振り三振に抑え、5者連続三振の快投を見せた。ルースとゲーリッグのヤンキースコンビはもちろん、アスレチックスのフォックスも通算534本塁打の強打者。同じくアスレチックスのシモンズは、首位打者獲得2回を誇る三拍子揃った当時最強の外野手だった。

セネターズのクローニンは、通算2285安打を記録した当時のMLB最強遊撃手。ハッベルが連続三振を奪った5選手は、後に全員が殿堂入りを果たす伝説の名選手たちだった。この試合で三振を奪われたゲーリッグは、ベンチに戻る際に次の打者フォックスに

「スクリューボールは、すべて低めに決まっているのでカットした方がいい。大振りしてはダメだ」とアドバイスを送ったが、結果は三振だった。

ハッベル本人は「ボブ・フェラーのように三振を取るタイプではない。相手にゴロを打たせてアウトを取っていくタイプなので、連続三振には少々驚いている。特にルースとゲーリッグを相手に連続三振が取れたのは、とても名誉なことだと思う」と語った。

ハッベルは投手受難のライブボール時代と同時期に活躍して通算253勝。1931年に制定されたMVPも、33年と36年に2回受賞している。2度目の受賞となった36年は、制定まもないMVPで史上初となる満票を記録した。「キング・カール」の愛称で親しまれ、ジャイアンツ一筋でプレーをしたハッベルの背番号11は、44年に永久欠番となり、47年に殿堂入りを果たした。

ハッベルが「ボブ・フェラーのように」と形容したボブ・フェラーも、豪速球を武器にデッドボール時代の終盤に君臨した偉大な大投手だった。高校時代から速球が注目されていたフェラーは、本名のロバートと「急速」の意味を持つ「ラピッド」をかけて「ラピッド・ロバート」と呼ばれていた。日本では「火の玉投手」の愛称だった。

1936年に17歳でMLBデビューを飾り、20歳未満で通算30勝を挙げた史上初の投手となったフェラーは、20歳から3年連続で最多勝を獲得。19歳から4年連続で最多奪三振も獲得した。

若くしてMLBを代表する投手に登り詰めたフェラーだが、1941年12月8日、前日に日本軍が真珠湾攻撃を行ったニュースを見て、海軍に志願兵として入隊する。このときフェラーは23歳だった。その後、戦艦アラバマに乗艦し、終戦まで最前線で戦った。「私は英雄ではありません。英雄は戻ってこない。生存者は家に帰ります。ヒーローは決して家に帰りません。誰かが私をヒーローだと思っているのなら、間違いです」とフェラーは語った。

1945年8月24日、本拠地クリーブランド・スタジアムで行なわれたタイガース戦でMLBに復帰。9回12奪三振、2失点で勝ち投手となった。自慢の豪速球に加えて、兵役時代に修得したスライダーが新たな武器として加わっていた。復帰後、フルシーズン1年目となった46年から2年連続最多勝、3年連続最多奪三振王に輝いた。しかし、30歳前後から三振を奪えなくなり、勝ち星も伸びず、32歳でむかえた51年に22勝で最多勝を獲得したのを最後に、56年に37歳で引退するまで個人タイトルの獲得はなかった。

豪速球でファンを魅了したフェラーの球速を計測しようと、1946年にアメリカ海軍が使用していた最新機器で計測したところ、平均173・6キロを記録したと言われている。現在の機器で測定すると162・5キロ程度になると推測されている。

しかし、豪速球に自信があったフェラーは、1997年のワールドシリーズでフロリダ・マーリンズのクローザー、ロブ・ネンが当時史上最速となる164・1キロを記録した際には、「167キロは、私のチェンジアップだよ」と豪語した。ルースの引退の年にデビューを飾ったフェラーは、ルースがいなくなったヤンキースと名勝負を繰り広げた。

ノーヒット・ノーランは3回記録している。

自身初となる1940年4月16日、シカゴ・ホワイトソックス戦で記録したノーヒット・ノーランは、史上初となる開幕戦での達成となった。しかし、フェラーは「ノーヒット・ノーランを記録するよりも、定期的にヤンキースを倒したい」と語っていた。ルースとはすれ違いのキャリアとなったフェラーは、同時期を過ごしたライバルに対して、「テッド・ウィリアムスが、私が見た中で最高の打者だったが、ジョー・ディマジオは最高のオールラウンドプレーヤーだった」とコメントしている。

フェラーは実働18年間で266勝、2581奪三振を記録して1962年に殿堂入りを果たしているが、アメリカ国内の野球評論家は、「フェラーが従軍していなければ、間違いなく３５０勝、３０００奪三振以上を記録していた」と断言している。これに反対の意見を述べる者はいない。

第二次世界大戦とコミッショナーの死

打者ベーブ・ルースの活躍でＭＬＢは、収益的にも黄金期をむかえていたが、１９２９年10月に起こったアメリカ株式市場の大暴落をきっかけに、世界は大恐慌時代に突入した。その影響を受けたＭＬＢの人気は、下降線を辿《たど》って行く。打者ルース元年となった１９２０年のヤンキースの観客動員数は、１２８万９４２２人を誇ったが、29年は96万１４８人。翌30年は１１６万９２３０人を記録したが、31年から45年まで、観客動員数が１００万人を超えることはなかった。そして、世界は39年９月１日早朝、ドイツ軍によるポーランド侵攻を皮切りに、日中戦争を戦っていた日本軍が、イギリスやオランダが植民地としていた東南アジアを攻撃。真珠湾攻撃によるアメリカとの開戦など、戦火は世界を巻き込み、第二次世界大戦へと発展していった。

ＭＬＢからも５００人以上の選手が戦場へ送られ、チームはロースター枠を25人から23人に減らすことを余儀なくされ、チーム構成を整えるのは至難の業だった。

「ある者は若く」「ある者は年を取り過ぎていた」。そんな時代背景の中で象徴的な選手として語り継がれているのが、7歳のときに荷馬車の大きな車輪に巻き込まれて右腕を失ったピート・グレイだ。

右腕を失っても野球を続けたグレイは、俊足好打の外野手としてマイナーリーグで活躍。1944年は打率3割3分3厘、68盗塁を記録してマイナーのサザンリーグでMVPを獲得。そして、45年にセントルイス・ブラウンズと契約して、MLB選手として1年間プレーした。記録は77試合で2割1分8厘、0本塁打、13打点、5盗塁だった。

そして、「ある者は若く」の代表的な投手が、開戦の1939年に18歳でデトロイト・タイガースからデビューしたハル・ニューハウザーだ。23歳だった44年に最多勝、最多奪三振を記録してMVPを受賞。翌年は投手三冠を獲得して2年連続MVP。46年は、最多勝と最優秀防御率を獲得した。

終戦前後の3年間、MLB最強左腕として大活躍を見せたニューハウザーは、1955年に現役引退。以降は地元ミシガン州で銀行の副頭取として働き、その後は、様々なチームでスカウトを担当していた。

スカウト時代の逸話としては、デレク・ジーターを見出《みいだ》した人物として知られている。

当時、アストロズのミシガンエリアのスカウトを務めていたニューハウザーは、ミシガン州の高校に通うジーターをドラフト１位で指名することを強く進言したが、アストロズは現エンゼルス監督、フィル・ネビンを指名した。そのことに激怒したニューハウザーは、アストロズでのスカウト職を辞している。

１９９７年、タイガースはニューハウザーの背番号16を、投手としてはチーム史上初となる永久欠番に指定した。

１９４５年5月8日、ドイツ軍が降伏してヨーロッパ戦線は終結。９月２日、日本軍が降伏文書に署名して、約6年間続いた第二次世界大戦は終結した。

時の大統領フランクリン・ルーズベルトが、「グリーンライト」と呼ばれる野球開催を許可する手紙を、ＭＬＢ初代コミッショナー、ケネソー・マウンテン・ランディスに送っていたこともあり、戦時中でも試合は行われた。唯一、開催できなかったイベントは、１９４５年のオールスターゲームだけだった。

ライブボール時代の幕開けとなる１９２０年11月12日に初代コミッショナーに就任したランディスは、就任前年に起きた「ブラックソックス事件」の首謀者8人に永久追放処分を科し、世界大恐慌、第二次世界大戦など、野球人気が大きく陰り始める難しい時代の舵《かじ》取《と》りを任されたが、44年11月25日、コミッショナー事務局の自身のデスクで急死した。享年78。ランディスの突然の死去と第二次世界大戦の終結でＭＬＢは、新たな時代の幕を開けることになる。

人種の壁が取り払われた

ＭＬＢの世界でベーブ・ルース、サイ・ヤング、ルー・ゲーリッグ、タイ・カッブなど、神格化された名前は数多く存在するが、そんな名前の中に間違いなくブランチ・リッキーも含まれるだろう。ジャッキー・ロビンソンと契約を結び「人種の壁」を破壊したエピソードが最も有名なリッキーだが、選手兼監督としてプレーしていた１９１３年から、リッキーは革新的なイメージを持っていた。

１９１９年にセントルイス・カージナルスの監督に就任すると、マイナーリーグの組織をＭＬＢの育成機関として使用することを決定。ＭＬＢもマイナーリーグも独立した組織だったために、コミッショナーのランディスはリッキーの行為を「マイナーリーグ組織を完全に破壊する行為」と見なして、公然とリッキーを非難した。しかし、リッキーが考案した育成機関としてのマイナーから優秀な選手が育ち、強くなっていくカージナルスを見た他チームも、育成機関としてマイナーを使用するようになり、現在も続く育成機関としてのマイナー組織が完成していった。

殿堂入りの名選手スタン・ミュージアルも、リッキーが考案した育成システムで大成した選手の一人。革新的なアイディアでカージナルスを強豪球団に育て上げたリッキーは、1942年に球団社長兼GMとしてブルックリン・ドジャースと契約した。ブルックリン時代は、フロリダ州ベロビーチのスプリングトレーニングの施設に、初めてバッティングケージやピッチングマシーンを常設。そして、バッテングヘルメットを奨励するなど、次々とアイディアを具現化していった。

マイナー組織の改革に反対していたランディスは、アフリカ系アメリカ人の選手の参入にも「ニグロリーグという立派な組織があるのだから、MLBでプレーする必要はない」(注　ニグロ、カラードは当時も特定人種を差別的に扱った言葉であり、現在も人種差別用語と認知されている。今日の人権擁護の見地に照らして不適切であり、使用すべき言葉ではない。本書では、当時のアメリカ球界で正式名称として使用されていたため、当該リーグを指す際にのみ、歴史的用語としてやむなく使用するが、このリーグ名自体が非白人の人々を不当に差別した用語であり、当時のアメリカ社会、アメリカ球界の差別的な状況を示していることを読者諸氏には理解していただきたい）と保守的な考えを持っていたが、リッキーが腹案として持っていたアイディアを実行に移す前に急死していた。

ランディスという障壁が消えた翌1945年、リッキーは同リーグのピッツバーグ・クロフォードのオーナーだった実業家ガス・グリーンリーとともに、ユナイテッド・ステート・リーグを創設。このリーグはアフリカ系アメリカ人選手を集めて、トライアウトを行うことが前提とされたリーグで、リーグとしての稼働実績はわずか1年しかない。そして、45年8月28日、ブランチ・リッキーは、カンザスシティ・モナークスでプレーをしていたジャッキー・ロビンソンとマイナー契約を結んだ。

そして、1947年4月15日、本拠地エベッツ・フィールドで行われたボストン・ブレーブス戦。ジャッキー・ロビンソンは2番一塁でスタメン出場を果たした。この瞬間、人種の壁は破られた。ブランチ・リッキーとジャッキー・ロビンソンが打ち破らなくとも、いずれ人種の壁はなくなっていたと思うが、2人の功績が、後に誕生する日本人メジャーリーガー、村上雅則《むらかみまさのり》や野茂英雄《のもひでお》をMLBの世界に導いたことは間違いない。いよいよMLBは、古い体質だった時代から、現在に通じる姿へと変貌を遂げていくことになる。

拡張時代から大谷時代への過渡期をむかえる

ＭＬＢが１９０１年に誕生した当初は、「大西部の玄関口」と称されたセントルイス・カージナルスがアメリカ国内で最も西側にあるチームだった。他の15チームはニューヨークを中心とした東部とシカゴを中心とした中部に集中していた。ブランチ・リッキーがドジャースの球団社長兼ＧＭに就任した同時期に、ウォルター・オマリーは、ドジャースの顧問弁護士に就任した。

その後、球団の株式を買い集めたオマリーは、ドジャースの共同オーナーになっていく。当時ドジャースのオーナーは、製薬会社ファイザーの社長、ジョン・スミス、オマリー、リッキーの３人。１９５０年7月10日にスミスが肺癌で亡くなると、オマリーは夫人を説得してスミスの株式を買収した。その結果、当時敵対関係に陥っていたリッキーは、ピッツバーグ・パイレーツへ移り、ブルックリン・ドジャースは完全にウォルター・オマリー体制になった。

当時ドジャースは、１９１３年に開場したエベッツ・フィールドを本拠地としていた。だが、老朽化、駐車スペースの少なさ、収容人数が3万２１１１人と少ないことに加えて、自動車社会の到来により、ドジャースファンがロングアイランドに大挙して移り住むなど、マーケットがどんどん破壊、縮小されていくことをオマリーは危惧した。そして彼はニューヨーク・ジャイアンツのオーナー、ホレス・ストーンハムとともに西海岸への移転を決意した。

アメリカで一番熱狂的と称されていたブルックリンのドジャースファンは、西海岸への移転に激怒。新聞記者のハミルとニューフィールドは、紙面上に20世紀の三大悪人は「ヒトラー、スターリン、オマリー」と書き立てた。

1958年、それまでの「西の果て」だったセントルイスを遥《はる》かに越えて、ドジャースはロサンゼルスへ、ジャイアンツはサンフランシスコへと移転していった。俗に言う「コースト・トゥー・コースト（東海岸から西海岸へ）」の大陸大移動を可能にしたのは、54年に初飛行を記録した最大202人収容可能のジャンボジェット機ボーイング707の誕生だったに違いない。ウォルター・オマリーの後を引き継いだ息子のピーター・オマリーは、野茂英雄の獲得に尽力したオーナーとして日本でも有名になった。

2チームが西海岸に移動したことにより、MLBは本格的な拡張時代に突入した。1961年にロサンゼルス・エンゼルスと第2次ワシントン・セネターズがアメリカンリーグに加盟して、試合数が154試合から162試合に増加。62年にニューヨーク・メッツとヒューストン・コルト45's（現ヒューストン・アストロズ）がナショナルリーグに加盟して、両リーグが162試合になった。

その後もチームは増え続け、1969年にシアトル・パイロッツ（その後ミルウォーキーに移転）とカンザスシティ・ロイヤルズがアメリカンリーグに加盟。ナショナルリーグには、サンディエゴ・パドレスとカナダ初の球団としてモントリオール・エクスポスが加盟した。このときから地区制が導入された。

1977年にシアトル・マリナーズとトロント・ブルージェイズがアメリカンリーグに加盟。93年にフロリダ・マーリンズ（現マイアミ・マーリンズ）とコロラド・ロッキーズがナショナルリーグに加盟して、翌94年から現在も続く3地区制が導入された。

1998年にアリゾナ・ダイヤモンドバックスとタンパベイ・デビルレイズ（現タンパベイ・レイズ）が加わり、現在の30チーム体制となった。なお、現コミッショナーのロブ・マンフレッドは、将来的には32チーム体制を目指している。

チーム拡張時代に入ると、選手の質が話題となり、時には投手有利、時には打者有利な時代になるなど、様々なトレンドが繰り返されてきた。その中で大きなルール変更も行われた。

1963年に拡大されたストライクゾーンは、68年12月に肩から膝までの範囲から、脇の下から膝までに縮小され、マウンドの高さは38・1センチから25・4センチに低くすることが決定した。そして、73年にアメリカンリーグが指名打者制を導入。2022年からナショナルリーグにも導入され、「ユニバーサルDH時代」となった。MLBは、ベーブ・ルースが活躍していた時代から大きな変貌を遂げ、大谷翔平が活躍する新たな時代への過渡期をむかえている。

奪三振率王の系譜

2022年、投手大谷はアメリカンリーグ1位となる9回平均奪三振率11・873を記録した。日本人投手がリーグで奪三振率1位を記録するのは、1995年ドジャースの野茂英雄（11・101）、2001年レッドソックスの野茂英雄（10・000）、13年テキサス・レンジャーズのダルビッシュ有（11・890）以来、日本人先発投手史上3人目となった。13年のダルビッシュは、メジャー全体1位の記録だった。

現在では、二桁《けた》を超える奪三振率は、パワーピッチャーのスタンダードな成績だが、打者ルースの時代は大きく違った。ルースが史上初めて50本の大台を超え、シーズン54本塁打を記録した1920年のアメリカンリーグの奪三振率1位は、タイガースのドク・エイヤーズの4・442。ルースが60本塁打を記録した27年は、アスレチックスのレフティ・グローブの5・970だった。

その後も一桁台の奪三振率の時代が長く続いたが、1955年、19歳のときにブルックリン・ドジャースでデビューを果たした「伝説の左腕」の登場で変わっていくこととなる。その伝説の左腕とは、ドジャースの地元ブルックリンで生まれ育ったサンディー・コーファックスである。

シンシナティ大学で野球とバスケットをプレーしていたコーファックスを、地元ドジャースがスカウト。大学を中退して1954年12月13日にドジャースと契約を結んだコーファックスは、55年6月24日、敵地カウンティ・スタジアムでのミルウォーキー・ブレーブス戦で、3番手投手としてMLBデビューを果たした。

その後もリリーフ登板が続き、8月27日の本拠地エベッツ・フィールドでのレッズ戦。MLB2度目の先発となったこの日、9回2安打14奪三振の快投を見せ、MLB初勝利を完封で記録した。この当時のコーファックスは、足を高く上げ、オーバーハンドから投げ下ろす豪速球が武器だったが、制球力がなく苦しんでいた。

その後のシーズンも制球難や故障で精彩を欠き、出番も少なくなり、1960年シーズン前にはトレード志願をしていた。その年は8勝13敗、防御率3・91、投球回175回、与四球100、奪三振197を記録している。当時としては平均以下の成績で、コーファックスはシーズン終了後に引退を決意して、グラブやスパイクをクラブハウスのゴミ箱に捨てて帰り、大学に復学することを考えていた。

実は、この1960年にコーファックスの奪三振率は10・131を記録しており、MLB史上初となる二桁超えを果たしていた。ただ、そのことに当時は誰も注目していなかった。コーファックスは引退するまで計3回、二桁の奪三振率を記録。

翌1961年、最後の一年と決めてスプリングトレーニングに参加したコーファックスは「例年より多く走り込み、もっと上手《うま》くなるように努力をした」と語った。ドジャースのスカウト、ケニー・マイヤーズが腕を振りかぶる際にフォームの乱れが発生することを発見して忠告すると、コーファックスの制球力は次第に安定していった。しかし、オープン戦で登板したコーファックスは、初回に12球連続ボールで無死満塁の大ピンチをむかえ、マウンドに駆け寄って来た捕手のノーム・シェリーから「そんなに力むな、もっと楽に投げろ、カーブやチェンジアップを多めに使って」とアドバイスを受けた。すると後続を3

者連続三振。その後も快投が続き、７回ノーヒットを記録した。

その後、コーファックスは、ドジャースの統計学部門で仕事をしていたアラン・ロスに「初球ストライクの大切さ、変化球を有効に使うこと」など、現在のセイバーメトリクスに通じるデータの大切さを教わり、投手として大ブレイクを果たしていく。

最後の一年と決めた１９６１年にコーファックスは、03年にニューヨーク・ジャイアンツのクリスティ・マシューソンが記録した、ナショナルリーグの最多奪三振２６７を上回る２６９奪三振を記録した。

翌１９６２年に投手有利なドジャー・スタジアムが完成すると、コーファックスは一気に時代を象徴する左腕へと駆け上がっていった。62年に自身初となるノーヒット・ノーランを記録すると、65年９月９日に１９００年以降史上６人目の完全試合を達成し、史上初となる４年連続ノーヒット・ノーランを記録した。投手三冠王は３度獲得。63年はＭＶＰ、サイ・ヤング賞、ワールドシリーズＭＶＰを独占。この時期、コーファックスは投球に関して「ピッチングは、恐怖を植え付ける芸術です」と語っている。

１９６３年にワールドシリーズで対戦したヤンキースの殿堂入り捕手、ヨギ・ベラは「彼が25勝を記録した投手ということは対戦して十分に理解できた。しかし、わからないのは、なぜ彼が5敗しているかだ」と彼らしい言葉を残している。同時期にライバルとして対戦したパイレーツのウィリー・スタージェルは「コーファックスを打つことは、フォークでコーヒーを飲むようなものだ」と語っていた。

１９６６年に27勝を記録して3度目のサイ・ヤング賞を獲得したコーファックスは、シーズン終了後、30歳の若さで突然の引退宣言。球界を去った。登板過多により左肘が悲鳴をあげていたコーファックスは、「引退後の生活に支障をきたす身体にはなりたくない。このままでは、孫も抱けなくなる」と語った。72年、コーファックスは史上最年少となる36歳で殿堂入りを果たし「伝説の左腕」となった。

コーファックスの引退後、１９７２年にエンゼルスのノーラン・ライアンが10・４２６の奪三振率を記録した。それ以降は、ニューヨーク・メッツのドワイト・グッデン、シアトル・マリナーズのランディー・ジョンソン、エクスポスのペドロ・マルティネス、カブスのケリー・ウッド、ミネソタ・ツインズのヨハン・サンタナ、ジャイアンツのティム・リンスカムなど、その時代、時代に強烈な輝きを放った数々の投手たちが、二桁奪三振率を記録してきた。ライアンやランディー・ジョンソンなど長期間にわたり現役生活を続けられた投手もいれば、ヨハン・サンタナやティム・リンスカムのように強烈な輝きが一瞬で消えてしまった投手もいる。

奪三振率同様に、2022年に投手大谷が記録した219奪三振も素晴らしい成績である。奪三振数は200を超えると一流の証しとされる。ちなみに投手ルースのキャリア最多奪三振数は、1916年に記録した170である。

投手ルースと投手大谷

MLBの長い歴史の中で唯一、二桁勝利、二桁本塁打を記録したルースと大谷。その記録の一翼を担う投手としてのパフォーマンスは素晴らしいものだが、投手ルースと投手大谷の唯一の共通点は、ポジションにつけられた「投手」という名称くらいしかないのかもしれない。それほどまでに2人が投球している時代があまりにも違いすぎる。まさに「似て非なるもの」と言えるだろう。

1876年に、スコットランド出身でアメリカの発明家だったグラハム・ベルが、アメリカ国内で初めて電話機の特許を取得した。その時代の電話と現在のスマートフォンは、同じ電話だがまったく違う。

ただ投げていた投手ルースの時代と、様々な情報を持ち、様々な球種を操りながら投球する投手大谷の時代。もし、ルースが50本塁打、60本塁打を記録したシーズンに、投手ルースが、ウォルター・ジョンソンのように最多勝、最多奪三振を記録していたならば話は大きく変わってくるが、そうではない。ルースが二桁本塁打、二桁勝利を記録した１９１８年が、ボールが飛ばないデッドボール時代だったことを差し引いても、大谷の二桁勝利、二桁本塁打と比較することは難しい。

ただ、ルースと大谷だけが二桁勝利、二桁本塁打を記録した選手である、という事実は本当に誇らしい。「ルースと大谷」。このフレーズだけで日米の野球ファンは十分満足だろう。そして、「ルースと大谷」は、今後、何百年も野球ファンを魅了し続ける存在となるはずだ。

２０２２年は、投手大谷元年となった。しかし、大谷本人が理想とする投手像は、さらに高い次元にある。その高みを目指して、投手大谷はさらなる進化を遂げるはずだ。自分自身の理想像に近づけば、おのずと投手が獲得できる最高の名誉、サイ・ヤング賞の受賞が現実味を帯びてくるに違いない。その瞬間は23年に訪れるのか、それとも24年なのか。大谷翔平ならば、ファンが願い期待する、その瞬間を必ず見せてくれるはずだ。

第4章　「打」の考察と変遷

大谷が46本塁打の先に目指したもの

２０２１年、打者大谷は46本塁打という記録を残した。シーズン最終盤まで本塁打王争いに加わり、惜しくも2本差で逃したものの、ＭＶＰを獲得した。その活躍を受けて、22年も本塁打量産に期待がかかったが、本塁打のペースは２０２１年を下回った。

悪夢の「ロックアウト」が長期化した影響で期間は短縮されたが、エンゼルスのスプリングトレーニングはアリゾナ州テンピで行われた。大谷はもちろんだが、ＭＬＢで活躍する日本人打者は、技術力が非常に高く、スプリングトレーニングで行うバッティング練習中にバットを折るようなことはほとんどない。しかし、２０２２年のスプリングトレーニングで大谷は、幾度となくバットを折った。普段見ることのない大谷がバットを折るシーンに、22年バージョンへのアップデートを目指す、打者大谷の新たな試みが推測された。

毎年更新される、緻密《ちみつ》に計画したトレーニングをコツコツと積み重ねて、大谷は強靭《きょうじん》な身体を手に入れた。その努力の結晶が、２０２１年に記録した46本塁打である。おそらく大谷は、自身のパワーがＭＬＢでも十分に通用することを確信したシーズンだったはずだ。その確信をもとに22年は、より確実性を求めていたに違いない。打者が求める確実性とはすなわち「打率」。

打率を向上させるために大谷は、ボールを身体に近いところまで呼び込んで打つことを意識した。最短距離でバットが出るように、バットのグリップを下げる新たな打撃フォームの修得を目指した過程が、バットを折るシーンにつながる。しかし、完璧《かんぺき》な状態に仕上げるには、スプリングトレーニングで消化した13試合34打席では少なすぎた。

シーズンに入ってからも大谷の試行錯誤は続いた。

200打席ほどを消化した5月終盤から、ようやく打率が安定してきた大谷は、その後も打撃フォームの微調整を繰り返した。最終的には、2021年の2割5分7厘を上回る2割7分3厘を記録した。

打率向上に取り組んだ結果、様々な成績で好影響が確認できる。

2021年はファストボール系（4シーム、2シーム、カットボール、シンカー）に対しては、打率2割7分4厘、空振り率30％だったが、22年は打率2割9分7厘、空振り率23・1％。ブレイキングボール系（スライダー、カーブ）に対しては、打率2割3分9厘、空振り率40・7％だったのが、打率2割8分7厘、空振り率35・1％と向上した。ただ、オフスピード系（スプリット、フォーク、チェンジアップ）に対しては、打率2割4分0厘、空振り率39・9％だったのが、打率2割0分3厘、空振り率30・1％と数字を落としている。この悪化の要因は容易に説明がつく。21年の打者大谷は、全打席中75・4％の割合で極端な「大谷シフト」を敷かれたのに対して、22年は、全打席中88・3％の割合で敷かれたのだ。極端なシフトが敷かれていなかった場合、オフスピード系に対する大谷の予想打率は、21年を上回る2割4分8厘となる。

打率向上への意識は、打球方向にも現れている。２０２１年は、右方向に引っ張った打球の割合が46・6％だったのに対して、22年は36％。センター方向への割合は、30・6％に対して36・2％。左方向へは、22・9％に対して27・8％と、全方向へ打ち返していたことがわかる。そして、日米問わず、「初球からバットを振れる打者は好打者」と称されるが、22年の初球を振る確率は、キャリア最高となる41・6％を記録した。

変化した「バレルゾーン」「ランチアングル」

打率は向上した大谷だが、本塁打に付随する成績は下がった。本塁打もしくは長打が出る確率が最も高いエリアを「バレルゾーン」と呼ぶ。ボールの射出角度が26度から30度以内、打球速度１５８キロ以上で打ち返すと長打が出やすいとされている。さらに、打球速度が１６１キロならば、射出角度は24度から33度へ広がり、打球速度が１８７キロを超えると、射出角度は一気に広がり８度から50度になる。この条件でボールを打ち返すことができれば、高確率で本塁打を量産できるのだ。

２０２１年の大谷は、「バレルゾーン」でとらえた打球の割合がＭＬＢ１位となる22・3％を記録したが、22年は４位の16・８％だった。そして、平均打球速度も21年の１５０・７キロに対して、22年は１４９・６キロと落ちた。しかし、「バレルゾーン」でとらえた打球の本数は、21年が78本、22年は72本と大きな差はなかった。

本塁打に付随する成績で最も数字を下げたのが、「ランチアングル（打球角度）」だ。２０２１年は、平均16・６度の打球角度があったが、22年は12・１度しかなかった。本塁打の打球方向も変化した。２０２１年はパワー全開で右方向に引っ張る本塁打が14本あったが、22年は４本と減り、右中間からセンター方向への割合が増えた。この傾向もスプリングトレーニング期間中に取り組んだ、ボールを身体に近いところまで呼び込む新しい打撃フォームの影響である。

２０２１年が打者大谷の完成形かと思いきや、22年はさらなる進化を追い求めた。本塁打量産型の21年に対して、打率が上がり、三振数が減少した確実型の22年。23年以降の打者大谷は、本塁打量産型＋確実型を併せ持つ「ハイブリッド型」を目指すことになるだろう。具体的には3割、40本塁打、100打点をコンスタントにクリアしていく打者である。この成績を残すことができれば、投手大谷の成績を加味することなく、毎年、MVP投票の上位5人に選出されるはずだ。

ルースの偉大なる好敵手、タイ・カッブ

現在にも引き継がれる「MLBの世界観」を作り上げたのは、投手ルースでも、二刀流のルースでもなく、間違いなく打者ベーブ・ルースだ。二桁《けた》勝利、二桁本塁打を記録した1918年。当時の本塁打記録を次々と更新していった19年。そして、本塁打時代の到来を告げた20年。ルースは、本塁打を野球の華へと昇華させた。14年に、ルースが投手としてMLBデビューを果たした時代の打者は、とにかく打球を転がして安打を記録するのが主流だった。そして、盗塁でダイヤモンドを駆け回る。そんなタイプの代表格が、ルースのライバルだった伝説の打者、タイ・カッブだ。

独立リーグやマイナーリーグを経て、1905年8月19日にデトロイト・タイガースと契約。同年8月30日、本拠地ベネット・パークでのニューヨーク・ハイランダーズ戦。5番中堅手でMLBデビューを飾ったカッブは、初打席初安打を記録している。デビュー当

時、MLBで最年少となる18歳だったカッブは、ベテラン選手からグラブを隠され、バットを折られるなど激しい虐待に遭っていた。このときの経験が「攻撃的な性格のもとになった要因の一つ」とカッブは語っていた。

1906年、中堅手のポジションを獲得したカッブは、19歳の最高打率となる3割1分6厘を記録（28年にメル・オットが更新した）。

1907年、カッブがルースと同様に伝説の野球選手として語られるようになる偉大なキャリアは、この年から始まった。打率3割5分0厘で、当時史上最年少となる20歳で首位打者を獲得。その後、カッブは9年連続で首位打者を獲得し続けた。

1909年、史上最年少で三冠王を獲得。さらにこの年は、MLB史上唯一となるすべての打撃タイトルを完全制覇した。

しかし、この頃になるとカッブの攻撃的な性格は知れ渡り、フィールド内外で数多くのトラブルを起こしていた。「相手を威嚇するために、相手ベンチに見えるようにスパイクの歯にヤスリ掛けをしていた」「相手の野次に激怒して、試合後に相手のクラブハウスに殴り込みをかけた」「球審の判定に抗議して殴った」「野次を飛ばしたスタンドのファンと乱闘した」「ホテルで傷害事件を起こした」など、その振る舞いにより「最高の技術と最悪の人格を持つ男」と呼ばれるようになっていった。

カップ本人は「真実もあれば、嘘もある。その多くは、私のことを嫌いだった新聞記者が、故意に書き立てた悪評であった」と自伝の中で回顧している。真偽のほどはもうわからないが、フィールドでの活躍は凄《すさ》まじかった。

1911年、当時のMLB記録となるシーズン248安打を記録して、キャリア最高打率となる4割1分9厘をマーク。

1916年は、クリーブランド・インディアンスのトリス・スピーカーに連続首位打者を阻まれる。スピーカーの通算二塁打792本は、現在も残るMLB記録となっている。カップは翌1917年に首位打者を奪還すると、3年連続でタイトルを獲得した。カップが最後に首位打者を獲得したシーズンとなった19年に、ベーブ・ルースは当時の本塁打記録を次々と更新した。

1921年8月19日、本拠地ネビン・フィールドで行なわれたレッドソックス戦のダブルヘッダー第2試合でカップは、史上最年少となる34歳で通算3000安打を記録した。通算8093打席での達成は史上最速である。しかし、当時のアメリカは、ルースの豪快な本塁打に熱狂している時代。打者ルースが台頭する前のMLBで、最高の野手は間違いなくタイ・カッブであり、最も稼いでいたのもカッブだった。

カッブはルースのすべてに敵対心を抱くようになる。相手野手のタッチをかわす「フック・スライディング」の技術を高め、相手投手の癖を盗み、バットのグリップエンドの形状にこだわり（「タイ・カッブ型」として今でも使用されている）、体調管理に気を配った。

カッブは自身の野球観である「野球本来の醍醐味《だいごみ》は、ヒットや盗塁の応酬」に忠実に向き合った。しかし、ルースの登場でＭＬＢは本塁打至上主義に変貌していく。カッブはルースに「馬鹿みたいに本塁打ばかり狙わなければ、４割打てる」と言い放った。対してルースは「４割？　あなたみたいなバッティングをしたら、俺は6割打てる」と応戦。そして「球場のファンは、ちっぽけなヒットを望んでいない。ファンは俺の本塁打を望んでいるんだ」と豪語した。

カッブは、通算で１１７本の本塁打を記録しているが、46本はランニング本塁打だった。そんなカッブが、打撃センスと選手としての凄《すご》みを見せつけたエピソードが残っている。

１９２５年5月5日、敵地スポーツマンズ・パークでのセントルイス・ブラウンズ戦。試合前に新聞記者を集めたカッブは「今日と明日の試合で面白いものを見せてやる」と語り、３番中堅手でスタメン出場した。

むかえた第1打席、ブラウンズのエース格、ジョー・ブッシュからライトスタンド後方に突き刺さる本塁打を記録。第2打席もライトスタンドに飛び込む2打席連続本塁打を放った。しかし、カップの「面白いものを見せてやる」は、まだ終わっていなかった。8回表、先頭打者でむかえた第5打席で3本目となる本塁打をライトスタンド後方に打ち込んだ。

この日のカップは、3本塁打、1二塁打、2単打で6打数6安打、5打点の大活躍を見せた。翌6日の試合でも2本塁打を含む6打数3安打、6打点。前日の5月5日に記録した1試合16塁打は、2012年5月8日にテキサス・レンジャーズのジョッシュ・ハミルトンが18塁打を達成するまで、アメリカンリーグ記録だった。

このとき、すでにカップは38歳になっていたが、「本塁打はいつでも打つことができる」と言わんばかりのパフォーマンスを見せつけた。

1926年11月、好敵手だった名打者トリス・スピーカーとともに八百長疑惑の渦中にいたカップは、騒動に嫌気がさして引退を発表。しかし、27年1月27日の公聴会でカップとスピーカーの無罪が確定すると、フィラデルフィア・アスレチックスと契約した。同年7月18日、古巣タイガース戦でMLB史上初となる4000安打を達成。

1928年、眼病による視力の低下が顕著になっていたカッブは、41歳で引退。現役最後の試合は9月11日、敵地ヤンキー・スタジアムでのヤンキース戦だった。8回裏にルースが豪快な本塁打を記録した直後の9回表、代打で登場したカッブは、ショートフライを打ち上げ、24年間の現役生活を終えた。

通算安打4189本を筆頭に、引退時点で90個のMLB記録を残した。通算打率3割6分6厘など、現在でも30個がMLB記録として残っている。

引退後、カッブは有名スポーツライターのグラントランド・ライスに「今まで見てきた中で誰が最高の打者か」と問われ、「ベーブ・ルースだ。彼のタイミングの取り方は完璧。そして、ルースのパワーと、ルースの視力の良さ、この二つは誰も持っていない」と答えている。

1936年2月、第1回殿堂入りの投票が行われ、ベーブ・ルース、ホーナス・ワグナー、クリスティー・マシューソン、ウォルター・ジョンソンとともに、カッブは殿堂入りを果たした。このときの5人は、賛辞を込めて「ファースト・ファイブ」と呼ばれている。226票中222票を獲得したカッブが、5人の中で最多得票数だった。そのときの得票率98・2%は、92年にトム・シーバーが98・8%を記録するまで、殿堂入りの最高得票率だった。

1961年7月17日、ジョージア州アトランタにあるエモリー大学病院でタイ・カッブは亡くなった。享年74。その後、執り行われた葬儀に参列した元選手は、レイ・シャルク、ミッキー・コクラン、ナップ・ラッカーの3人しかいなかった。現役時代の悪評、後に定着する人種差別主義者のレッテルなど、カッブの印象は常に「ヒール」として語られるが、そのほとんどが実情とは異なるものだった。葬儀は、元選手が参列すると大きなニュースになると、マスコミを信用していなかった遺族が嫌がり、参列を控えるようにお願いしていたのだ。その証拠にジョー・ディマジオやテッド・ウィリアムスを筆頭に数多くの野球関係者から、数えきれない弔辞が届けられていた。

引退後、日本を訪れたカッブの紳士的な振る舞いは、史実として日本にも残されている。その事実からも、人種差別主義者だったことも疑わしい。ルースの2番目の妻クレアが同郷のジョージア州出身だったこともあり、ルースとも良き友人関係にあったカッブは、ルースが亡くなったとき、「また来世で会えることを願っている」と語ったとされている。

レッドソックス時代に、GMとして「バンビーノの呪い」、カブスの運営部門の社長として「ヤギの呪い」（ヤギの球場観戦を拒否したカブスが108年間ワールドシリーズ制覇から遠ざかった）を解き放ったことで有名なセオ・エプスタインは、現在、ＭＬＢ機構で競技部門の相談役を務めている。そのエプスタインとＭＬＢが掲げる理想のスタイルは、「三振か本塁打」の大味な野球ではなく、「常に塁上に走者がいて、動きのある、アグレッシブな野球」である。まさにカッブが体現していた野球のスタイルを現在のＭＬＢは求めているのである。

ルース活躍の秘訣は「眼」だった？

恵まれた体格と生まれ持った才能に加えて、飽くなき探究心と野球に対する深い愛情と情熱、厳しいトレーニングを続ける胆力。そして、科学や運動力学をベースとした高度なトレーニングメニューや最新のトレーニング器具、食事を含む体調管理などが加わり、現在の大谷翔平が作られた。実戦では、「セイバーメトリクス」や「スタットキャスト」などの膨大なデータが、大谷のパフォーマンスの向上を助けている。

ベーブ・ルースも恵まれた体格と生まれ持った才能に加えて、野球に対しての深い愛情と情熱を持っていた。しかし、膨大なデータも高度なトレーニングメニューもない時代。クラブハウスやホテルのバスタブは、常に氷で冷やされたビールや炭酸飲料で埋め尽くされ、食べたい物を好きなだけ食べていた。遠征先で試合後の様子を聞かれたチームメイトから「一切わからない。ルースの部屋にはスーツケースしか泊まっていない」と言われるほど、寝る間を惜しんで夜遊びを繰り返していた。体調管理とは正反対の生活を送っていたルースが、なぜ本塁打を量産できたのか。その秘訣《ひけつ》は「眼」にあったとされている。

1921年、コロンビア大学心理学科の、アルバート・ヨハンソン医師とジョセフ・ホームズ医師は「なぜルースだけが本塁打を量産できるのか」を科学的に解明するため、ルース本人を研究室に招き、様々なテストを行った。

小さな穴が規則正しく空けられた板の左端から右端まで、1分間で何回正確に棒を差し込めるかの実験では、右手で122回、左手で132回も差すことができた。この実験の平均は82回だった。

カメラのシャッターのような機械の後ろに文字が書かれていて、シャッターが開閉する間に文字を読み取る実験では、平均4・5文字のところ、ルースは6文字読み取ることができた。

暗室に入り、点滅する電球と電子キー音が聞こえたときの反応実験では、成人男性の平均値より、遥《はる》かに速いことがわかった。

その後も続けられた実験でルースは、一般的な男性と比較して12％も速く物を認識できる眼と、10％も速く音を聞き分ける耳を持っていることがわかった。最終的にルースは、眼から脳、耳から脳に情報が速く伝達され、脳が情報を解析して、筋肉に素早く伝達する能力が、通常の成人男性よりも遥かに速いことが解明された。

その他にも、スイングの開始からインパクトの瞬間まで息を止めて打ったときの打球や、アウトコースのボールを打ったときの打球が最も強いこともわかり、好条件で打ち出された打球は、１２１メートルから１５２メートルの飛距離が出ることも判明した。ルースの眼は、現代的に表現するならば動体視力が抜群に優れていたのだ。

当時の科学力で実証されたルースのポテンシャルだが、実は右目の視力が極端に悪かったとも言われている。ルースは新聞や本を読むと文字がかすれて見えるため、活字を一切読まなかった。左目の視力は非常に良く、右目が悪いルースは、よく見える左目の視界にボールが入ってきた瞬間がインパクトのときだった。現役時代は常々、「野球選手は、新聞や雑誌を読むな」と語っていた。

そして、もう一つの「秘訣」がルースの打撃スタイルである。

データ解析チームが優秀なヒューストン・アストロズは、膨大なデータ分析の結果、２

016年頃から「ゴロを打つよりフライを打った方が安打になる確率が高くなる」と提唱。それを実行したアストロズは、17年にワールドシリーズを制覇した。「サイン盗みで手にした偽りの世界一」と批判された17年だが、フライを打ち上げるスタイルは、「フライボール革命」として、その後のMLBのトレンドになっている。

ルースの時代は、ダウンスイングやレベルスイングでゴロを打つことが主流だった。フライは野手が捕ればアウトだが、ゴロは野手が捕球し、捕球した野手が一塁に送球し、送球されたボールを一塁手が捕球してアウトが成立する。アウトまでの過程が多いゴロの方が、ミスをする確率が上がり出塁するチャンスが増えるから、ゴロを打つことが最善と考えられてきた。

そんな時代背景の中、ルースのスイング軌道は、ボールを打ち上げるアッパースイングだった。コロンビア大学の研究室でもルースのパワーには注目していたが、下から出るバットの軌道についての研究結果は残されていない。データもない100年前に、ルースが現在のトレンドであるフライボール革命を取り入れていたはずもなく、本塁打を打つために独自で考えた打法だった。ルースは類い稀《まれ》な身体的能力と当時の常識に囚《とら》われない発想力を武器に本塁打を量産することができたのだ。

ルースがコロンビア大学に招かれて行われた様々な実証実験は、現代の選手にとっては特別なことではない。むしろ、もっと進化した実証実験が行われているが、当時は科学的なデータも少なく、データの可視化など想像もできない時代だった。

コロンビア大学での実証実験は、デーゲーム後に行われた。そのため、資料として残されている写真はユニフォーム姿だった。実証実験が始まった直後は、試合の疲れもあり不機嫌そうにしていたが、実験が進むにつれて、徐々に知的好奇心が湧き、積極的に実験を行ったそうだ。もしかすると、「なぜ本塁打を量産できるのか」を一番知りたかったのは、ルース本人だったのかもしれない。

MLBの世界では、「ボールを遠くに飛ばすことは、教えてもできない。ボールを遠くに飛ばすことができるのは、野球の神様から特別なギフトを授かった者だけ」と古くから語り継がれてきたが、まさにルースは、「野球の神様から特別なギフトを授かった」選ばれし者だった。

バットの進化

ルースと大谷の時代では、投手が投げるボールの球種や質、球場の規格、ルールなど、様々な事柄が違うが、「野球道具」の進化も無視できない。

打者大谷の標準装備は、バッティングヘルメット、バッティンググローブ、バット、エルボーガード、シンガード（すね当て）、ハンドガードなどだが、ルースの標準装備はバットだけだった。

もちろん、バットは野球誕生のときから存在する道具だが、創成期はクリケットのラケットのように先端がカーブしたもの、ただの角材、平らな板など、選手の手作りで、何でもありの時代だった。

のちに木工職人に依頼してバットを作るようになり、現在にも通じる丸い形状のバットが主流となった。1859年にバットの太さを2・5インチ（6・35センチ）以下にするルールが導入されたが、長さに関する規定はなかった。69年に、長さは42インチ（106・68センチ）以下とするルールが決定したが、驚くことに、バットの長さに関するルールはこのときから変わっていない。

1883年、17歳の木工職人バド・ヒレリッチは、ルイビル・エクリプスというチームでプレーをしていたピート・ブラウニングが、試合中にバットを折るシーンをスタンドで見ていた。試合後、「僕と僕のお父さんなら、もっといいバットが作れる」と声をかけ、ヒレリッチはブラウニングのためにホワイトアッシュ製のバットを作り上げた。

そのバットを初めて使った試合でブラウニングは3安打を記録。ブラウニングのバットは評判になり、ヒレリッチ親子の木工場にバット製作の依頼が殺到。ヒレリッチ親子は翌1884年にバット製造に特化した「ルイビルスラッガー」（日本ではルイスビルスラッガーと表記）を設立した。

1893年、野球規則委員会は形状は丸く、太さは2インチ3／4（6・6センチ）以下、長さは42インチ（106・68センチ）以下とするバットに関する新たなルールを制定した。このときに導入された形状、太さ、長さは、その後も大きな変更はなく、93年がバットの歴史の元年となる。

野球バットに初めて自社のマークを刻印したルイビルスラッガーのバットは、タイ・カッブ、ホーナス・ワグナーなど、MLB創成期に活躍した名打者も愛用していた。今では一般的だが、製造会社のロゴと使用している選手の名前が刻印されたバットは、ワグナーが初めて使用した。

ルースもルイビルスラッガーの愛用者で、打者専門となった1920年は、長さ91・44センチ、重さ1190グラムのバットを使用していた。大谷のバットのサイズは、長さ

85・09センチ、重さ905グラムなので、当時のルースが長く重いバットを使っていたことがわかる。しかし、ルースも加齢とともに使用バットは変わり、60本塁打を記録した32歳のときには、長さ89センチ、重さ1010グラムへと変更されていた。

ルースの時代は、80%以上の選手がルイビルスラッガーのバットを使用していたが、カップやワグナーは、グリップが太いバットを使い、ルースのような強打者は、グリップが細く、バットのヘッドに重心を置くバットを使っていた。このあたりの傾向は現在でも変わらない。

打者がバット以外で最初に身につけたのは、バッティングヘルメットだ。現在のヘルメットとは異なるが、1905年に頭を保護するプロテクターがアメリカで特許申請された。だが、未完成だったこともあり、一切普及することはなかった。

1920年にレイ・チャップマンが頭部に死球を受けて亡くなって以降も、ヘルメットは普及しなかった。その後も頭部への死球で怪我をする選手は後を絶たず、37年5月25日にタイガースの殿堂入りの名捕手、ミッキー・コクレーンが頭部に死球を受け、頭蓋骨《ずがいこつ》骨折を負い現役引退を余儀なくされる。

このアクシデントをきっかけにヘルメット導入の機運が高まり、1937年6月1日に行われたインディアンス対アスレチックス戦の試合前練習で、馬に乗って行うポロの選手が着用するヘルメットと、フットボール選手が使用する革製のヘルメットの使用実験が行われた。その後、40年のオールスター開催の際に行われた全体会議で、ナショナルリーグの会長だったフォード・フリックが、「頭部外傷を防ぐには、ヘルメットの着用を義務化するしかない」と訴えたが採用されなかった。

しかし、１９４０年８月22日、緑内障で右目の視力を失いながらプレーしていたシカゴ・ホワイトソックスのベテラン、ジャッキー・ヘイズがＭＬＢの公式戦で初めてヘルメットを着用してプレーした。さらに、41年３月８日に、ブルックリン・ドジャースが全選手ヘルメット着用でプレーすることを発表した。

その後もヘルメットの普及はすぐには進まなかったが、１９５６年にナショナルリーグ、58年にアメリカンリーグがヘルメット着用を義務づけた。しかし、ベテラン選手はルール適用外となり、79年にボストン・レッドソックスのボブ・モンゴメリーが最後のヘルメット未着用選手として引退するまでは、ヘルメット着用率は１００％にならなかった。その後、ヘルメットは材質や形状など飛躍的な進歩を遂げて現在に至る。

２００７年７月22日、マイナーの試合で一塁ベースコーチ、マイク・クールボーの首の上部にファールボールが直撃。脳につながる血管が破裂して死亡する痛ましい事故が起こったことを契機に、ＭＬＢは08年からベースコーチのヘルメット着用も義務づけた。亡くなったマイク・クールボーの実兄は、阪神タイガースでプレー経験があるスコット・クールボーである。

きっかけはゴルフの手袋？

ヘルメットと同時期に登場したのがバッティンググローブだ。１９３２年にブルックリン・ドジャースでプレーしていたレフティー・オドールとジョニー・フレデリックが手のひらのマメに悩まされ、手袋や包帯など、様々な物を手につけてプレーをしていたことが起源とされている。ちなみにオドールは第二次世界大戦前後に来日して、野球を日本に広めた功績が評価され、２００２年に日本の野球殿堂入りを果たしている。

現在につながるバッティンググローブを初めて使用したとされるのが、ニューヨーク・ジャイアンツのボビー・トムソンである。トムソンといえば、１９５１年10月３日に宿命のライバル、ドジャースと行われたリーグ優勝決定プレーオフの試合で「その一打が世界を変えた」と称される劇的なサヨナラ3ラン本塁打を記録したことで有名な選手だ。そのトムソンが49年のスプリングトレーニングでゴルフのグローブを着けて打撃練習を行ったのが最初とされている。

実際に試合で初めて使用したのは、１９６４年にカンザスシティ・アスレチックスでプレーしていた2年目の22歳、ケン・ハレルソンだ。同年9月4日、ナイトゲーム前にハレルソンは、チームメイトのジノ・チモリらとゴルフで27ホールをまわってから、本拠地のミニシュパル・スタジアムに入った。

4番一塁手でスタメン出場したハレルソンだが、ゴルフと打撃練習の影響で左手に大きな水ぶくれができてしまっていた。そのとき、ゴルフで使用した赤い手袋を思い出して使用することにした。その赤い手袋をはめて臨んだ第2打席で、ヤンキースの大エース、ホワイティ・フォードからレフト上段に突き刺さる本塁打を記録。9回にも2本目の本塁打を放つ活躍を見せた。

引退後、シカゴ・ホワイトソックスの解説者として活躍していたハレルソンに直接聞いたときには、「デビュー1、2年目のヤンキース戦で、フォードから第1打席にレフトスタンドへ本塁打を打った。6回にも2本目を打ったよ。でも、日付は覚えていない」という答えだったが、あらためて調べると上記の日付と内容だった。ハレルソンいわく「その日がバッティンググローブの始まり」とのこと。その後、バッティンググローブは急速に普及していった。

最後に登場するのがプロテクター（防具）である。打者が肘《ひじ》や足のすねや甲を守る防具は、1996年に50本塁打を記録した、ボルチモア・オリオールズのブレディ・アンダーソンが考案したとされている。ホームベースに近い位置で構えるアンダーソンは、最多死球を3度記録するほど死球が多かったために対策を思案していた。

当時、オリオールズのエースで殿堂入りを果たしているマイク・ムッシーナが「ブレディは、いつも球場の中をインラインスケートで滑り回っていた」と語るほど多趣味だったアンダーソンは、インラインスケートで装着するエルボーガードを打席の中で使用することを思いついた。その後、一気にエルボーガードは広がり、その後も自打球から足を守るシンガード（すね当て）など、様々な防具が開発されていった。

1990年代後半から、3000安打のクレイグ・ビジオやバリー・ボンズなど、防具による完全武装の打者が急増した。それを受けて、当時MLB機構で運営部門の最高責任者を務めていたサンディ・アルダーソン（現ニューヨーク・メッツ球団社長）は、2000年のワールドシリーズ第1戦の前に記者会見を開き「選手の防具については、禁止を含めて、何らかの処置が必要である」と語った。のちに防具の大きさに関するルールは導入されたが、全面禁止されることはなかった。現在では、小型軽量化に加えて強度も格段に増した防具が数多くのメーカーから発売されている。

道具の進化とともに、選手の環境やトレーニング方法なども日進月歩で変化を遂げてきた。試合中に怪我をした選手のために、球場にはレントゲン室など小さな病院と同じ規模の医療設備が整っている。科学的なデータをもとに考案されたトレーニング施設は、全米に数多く点在している。試合前のトレーニングメニュー、試合後のリカバリーメニューなども科学的データをもとに構成されている。

試合中に自分のプレーをすぐに検証できるタブレットや、試合中に唯一、ダッグアウトの中で使用することが許可されているハイパーアイス社の筋膜マッサージ器具など、ハイテク機器の発達も現代の選手たちを支えている。

執拗《しつよう》なインコース攻めに、バッターボックスで激怒することもあったルースが、もしヘルメットを被り、完全武装で打席に入ったら。もし知的好奇心旺盛《おうせい》なルースがデータを読み込んだら。もし不摂生な生活を送っていたルースが科学的なトレーニングを実施したら……。もしルースが現代に甦《よみがえ》ったら、何本の本塁打を記録するのだろうか。

左打者の系譜

ベーブ・ルースと大谷翔平の共通点の一つが左打者であることだ。左利きのルースは、当然のように左投げ左打ちだが、大谷は右利きで、野球を始めた当初は右投げ右打ちだった。水沢《みずさわ》リトル時代に、社会人野球の選手だった父・徹《とおる》に左打者転向を勧められ、右投げ左打ちとなった。

１９００年以前、すでにスイッチヒッターが存在していたＭＬＢで、左打者の起源は定かではないが、ＭＬＢではルースの時代から現在まで、各年代を彩った素晴らしい左打者が存在している。

左打者限定の通算本塁打ランキング（５００本以上）は以下のとおりである。

1位　バリー・ボンズ　７６２本
2位　ベーブ・ルース　７１４本
3位　ケン・グリフィー・ジュニア　６３０本
4位　ジム・トーミー　６１２本

5位 ラファエル・パルメイロ 569本
6位 レジー・ジャクソン 563本
7位 デービッド・オルティス 541本
8位 ウィリー・マッコビー
テッド・ウィリアムス 521本
10位 エディー・マシューズ 512本
11位 メル・オット 511本

通算打点でも豪華な顔触れが並ぶ。

1位 ベーブ・ルース 2214打点
2位 バリー・ボンズ 1996打点
3位 ルー・ゲーリッグ 1995打点
4位 スタン・ミュージアル 1951打点
5位 タイ・カッブ 1944打点

一方、左打者の通算打率では大きく顔触れが変わる。

1位　タイ・カッブ　3割6分6厘
2位　オスカー・チャールストン　3割6分4厘
3位　シューレス・ジョー・ジャクソン　3割5分6厘
4位　ジャッド・ウィルソン　3割5分2厘
5位　レフティー・オドール　3割4分9厘3毛
6位　ターキー・スターネス　3割4分8厘9毛
7位　トリス・スピーカー　3割4分4厘7毛
8位　ビリー・ハミルトン
　　テッド・ウィリアムス　3割4分4厘4毛
10位　ダン・ブラウザーズ　3割4分2厘4毛
11位　ベーブ・ルース　3割4分2厘1毛

2位チャールストン、4位ウィルソン、6位スターネスの3人を知っているMLBファンは、ほとんどいないだろう。MLB機構は2020年12月17日に「ニグロリーグのレベルがMLBと同等だったことを考慮して、同リーグの成績もMLBに加える」と発表（注ニグロについては117ページに注記を記載）。1920年から48年まで活動した同リーグの成績を公式記録と認定した。上記の3選手は、同リーグで活躍した選手たちである。そして、8位ハミルトンと9位ブラウザーズは、キャリアの大半を01年のMLB誕生以前に記録している。

上位に入っている選手の中で、ルース同様に神格化している選手の代表格は、やはりルー・ゲーリッグである。ルースとともに「殺人打線」を形成したゲーリッグは、「史上最高の一塁手」と称されている。

1903年6月19日、ドイツ系移民の子としてニューヨーク州ニューヨーク市で生まれ育ったゲーリッグは、幼少期から文武両道を誇りコロンビア大学に進学する。同大学は、2009年にノーベル平和賞を受賞した当時大統領のバラク・オバマを筆頭に、100人以上のノーベル賞受賞者を輩出してきたアメリカを代表する超名門校である。

入学前から将来有望な野球選手と注目されていたゲーリッグは、大学1年の夏にMLB

のニューヨーク・ジャイアンツの監督ジョー・マグローの誘いを受けて、マイナーリーグのハートフォード・セネターズで偽名ヘンリー・ルイスを使って12試合に出場した。だが、大学生であることが発覚して大学野球界から追放処分を受ける。その後、復帰が認められた。

投手兼一塁手の二刀流だったゲーリッグは、打者として注目を集めた。ヤンキースのスカウト、ポール・クリッチェルは「彼が次のベーブ・ルース」だと語り、1923年4月30日に契約を締結。

4人兄弟のゲーリッグだが、他の3兄弟は幼くして病死。板金工職人だった父ハインリヒは、アルコール依存症とてんかん持ちで無職状態が続き、メイドの仕事をしていた母クリスティナが一人で生計を立てていた。大学に残って工学科の学業を続けたかったが、母も肺炎を患い仕事ができなくなっていたため、仕方なくヤンキースと契約した。

1923年6月15日、本拠地ヤンキー・スタジアムでのセントルイス・ブラウンズ戦。9回表、一塁の守備固めでMLBデビューを果たした。

7月7日、敵地スポーツマンズ・パークでのブラウンズ戦。9回表2アウト走者なしから代打出場でMLB初安打を記録。

9月27日、敵地フェンウェイ・パークでのレッドソックス戦に4番一塁手でスタメン出場すると、1回表に三塁打のルースを塁上に置きむかえた第1打席で、ライトスタンド上段に突き刺さるMLB初本塁打を記録した。

1年目は13試合、2年目はわずか10試合しか出場できなかったゲーリッグだが、この頃から、ルースによる打撃の直接指導を受けていた。

1925年6月1日、本拠地ヤンキー・スタジアムでのワシントン・セネターズ戦。8回裏、1番遊撃手ポール・ワニンガーに代わって代打出場したゲーリッグは、レフトフライを打ち上げてアウトとなる。しかし、この瞬間「MLB史上最も偉大な記録の一つ」が静かに始まった。

翌日、6番一塁手でスタメン出場を果たす。この日、レギュラー一塁手のウォーリー・ピップは、頭痛が酷《ひど》く、試合前にアスピリンを2錠服用して試合を欠場した。後のインタビューでピップは、「あのとき服用したアスピリンが史上最も高価なアスピリンになった」と答えている。

その日、3安打を記録したゲーリッグは、その後、一塁のレギュラーポジションをピップから奪い取った。レギュラー獲得直後は、4番右翼手ルース、5番左翼手ミューゼル、

6番一塁手ゲーリッグの打順で活躍し、その後、3番ルース、4番ミューゼル、5番ゲーリッグに変化する。

さらに8月22日、敵地ダン・フィールドでのクリーブランド・インディアンス戦で、4番右翼手ルース、5番一塁手ゲーリッグの打順が組まれた。この日が、ゲーリッグがレギュラーポジションを獲得して以降、初めて打線の中でルースとゲーリッグが並んだ試合となった。

そしてむかえた9月7日、敵地フェンウェイ・パークでのレッドソックス戦が、のちに2人の代名詞となる「3番左翼手ルース、4番一塁手ゲーリッグ」で初めてスタメン出場した試合となった。

初のフルシーズン出場となった1926年は、打率3割1分3厘、16本塁打、109打点、リーグ最多となる20三塁打を記録した。

1927年は、ルースがスタメン出場したすべての試合で、3番ルース、4番ゲーリッグの打線が組まれた。ルースとゲーリッグを中心に構成された「殺人打線」は相手の脅威となり、ルースはこの年、伝説の60本塁打を記録した。「俺の後ろにルーがいたことが大きかった」とルースは語っている。

この年は、60本塁打のルースよりもゲーリッグの方が驚異的な打撃を見せた。7月終了時点でルースは34本塁打、ゲーリッグは35本塁打を記録している。8月終了時点でルース43本塁打、ゲーリッグ41本塁打。だが、9、10月にルースが驚愕《きょうがく》の17本塁打を記録して60本に到達。ゲーリッグは6本に終わり、結果、47本塁打となったが、打率3割7分3厘、175打点を記録した。打点は1921年にルースが記録した168を超えるチーム記録となった。この年アメリカンリーグのMVPを獲得したのは、60本塁打を記録したルースではなく、ゲーリッグだった。

1916年にクリーブランド・インディアンスがユニフォームの袖《そで》に初めて番号を付けてプレーしたが、数字が小さくて不評のため廃止となった。24年にセントルイス・カージナルスが打順に準じた番号を袖に付けて、初めてフルシーズンプレーした。29年にヤンキースが史上初めて背番号を採用。カージナルス同様に打順に準じた番号となり、3番打者のルースが3、4番打者のゲーリッグが4となった。その後、31年にアメリカンリーグが背番号を義務化して以降、背番号は一気に普及していく。

ルースの盟友、ゲーリッグの偉大な功績

1931年、ゲーリッグとルースはともに46本塁打を記録して本塁打王のタイトルを分け合った。ゲーリッグが自身初、ルースが現役最後の本塁打王となったことから「最初と最後」と称される。この年記録したゲーリッグの185打点は、現在でもアメリカンリーグのシーズン最多打点として残っている。この頃になると、次第にゲーリッグの連続試合出場に注目が集まり、「アイアンホース（鉄の馬）」という愛称が誕生したのもこの31年だった。

1932年6月3日、敵地シャイブ・パークでのフィラデルフィア・アスレチックス戦。4番一塁手でスタメン出場したゲーリッグは、1回表に先制本塁打、4回表にソロ本塁打、5回表にルースとアベック本塁打、7回表にソロ本塁打を記録。ルースも達成していない1試合4本塁打を、00年以降、史上初めて記録した。

1933年8月17日のセントルイス・ブラウンズ戦でゲーリッグは、16年6月20日のレッドソックス時代から25年5月6日のヤンキース時代にエベレット・スコットが記録した、1307試合連続出場のMLB記録を更新した。スコットは好守の遊撃手で人格者としても知られ、レッドソックスとヤンキースでキャプテンを務めた唯一の人物である。ゲーリ

ッグが自身の記録を破った試合では、セントルイス・ブラウンズから招待を受けて観戦していた。

1934年は、打率3割6分3厘、49本塁打、166打点で三冠王を獲得。この年を最後にルースはヤンキースを去り、ルースとゲーリッグの時代は終わった。

ルースがボストン・ブレーブスで引退した翌年の1936年、新たな超新星ジョー・ディマジオがデビューを飾り、「ゲーリッグとディマジオの時代」が幕を開けた。

1938年、4月に月間打率1割1分6厘と大スランプを経験したゲーリッグは、26年にレギュラーを獲得して以降、初めて打率2割台でシーズンを終了した。「シーズンの途中から、疲れがとれなくなった。自分でも理由はわからない」と回顧。

1939年、フロリダ州セント・ピーターズバーグでのスプリングトレーニングで、体調を崩していたゲーリッグは、すべてのプレーで精彩を欠いていた。スピードは遅く、打球は飛ばず、ディマジオは「あんなに空振りするゲーリッグは見たことがない」と心配した。足に力が入らずに突然、倒れてしまうこともあった。

長年、ゲーリッグを取材してきたジェームス・カーンは、「彼には、何か大きな問題があります。それが何なのかはわかりません。優雅な守備、力強いスイング、フェンスを越えて行く打球。すべてが失われています。私にはわかりません。なぜ彼が突然、すべてを失ってしまったのか」と語っていた。

1939年4月20日、本拠地ヤンキー・スタジアムでレッドソックスをむかえた開幕戦。監督のジョー・マッカーシーは、不調のゲーリッグを5番一塁手で起用した。開幕2試合目のセネターズ戦でシーズン初安打を記録したが、アイアンホースの姿は、もうすでにそこにはなかった。それでもマッカーシーは、フロント陣の「ゲーリッグを起用するな」の言葉を無視して起用を続けた。

4月30日、本拠地でのセネターズ戦。5番一塁手でスタメン出場したゲーリッグは、4打数0安打に倒れた。シーズン打率は1割4分3厘、0本塁打。

移動日をはさんでむかえた5月2日、敵地ブリッグス・スタジアムでのタイガース戦では、試合前にゲーリッグが「俺はベンチでいいよ、ジョー」と伝え、マッカーシーは「試合に出たくなったら、いつでも言ってくれ」と答えた。

ヤンキースのキャプテンを務めていたゲーリッグは、自分の名前が書かれていないスタメン表を試合前に自ら球審に手渡した。ブリッグス・スタジアムの場内アナウンサーは、「ご来場の皆さん。今日はルー・ゲーリッグが2130試合ぶりに試合に出場しない日になります」と告げると、ブリッグス・スタジアムは、スタンディングオベーションに包まれる。その光景をダッグアウトで見つめていたゲーリッグは涙を浮かべた。翌日、自分が出場しない試合を観戦しているゲーリッグの写真をアメリカ中の新聞が掲載。14年におよぶ連続試合出場が終わった。

その後もゲーリッグはキャプテンとしてチームに帯同していたが、体力の衰弱が急速に進み、とても試合に出場できる状態ではなかった。脳腫瘍《しゅよう》を疑っていたエレノア夫人は、全米屈指の名医と名高いチャールズ・ウィリアム・メイヨー医師が、ミネソタ州ロチェスターに開設したメイヨー・クリニックに連絡を取る。そして、6月13日にチームを離れたゲーリッグは入院した。6日間にわたる広範囲な検査の結果、筋萎縮《いしゅく》性側索硬化症と診断された。病名が確定した6月19日は、ゲーリッグ36歳の誕生日だった。メイヨー・クリニックから病名が公表され、6月21日、ヤンキースはゲーリッグの引退と、今後はキャプテンとしてチームに帯同することを発表。

チームがいるワシントンDCに列車で到着したゲーリッグを、地元のボーイスカウトが盛大に迎えた。子どもたちに手を振りながらゲーリッグは、ニューヨーク・ヘラルド・トリビューン紙の記者ラッド・レニーに小声で「彼らは私の幸運を祈ってくれているが、私は死にかけている」とつぶやいた。

ヤンキースは、7月4日に行われるセネターズとのダブルヘッダー第1試合の終了後に「ルー・ゲーリッグ感謝デー」を開催することを発表。

当日は、「殺人打線」と称されMLB史上最強の呼び声高い1927年のチームメイトが一堂に会した。一部で不仲説が囁《ささや》かれていたルースも遅刻してセレモニーに参加した。

監督のマッカーシーはセレモニーで涙を流しながら「ルー、デトロイトのホテルの部屋に君が訪ねて来て、俺はチームに迷惑をかけている。俺はチームの足を引っ張っている。チームを辞めたい。と俺に言ったときが、俺の人生で一番哀しい瞬間だった。なんてこった、ルー、あなたは誰にも迷惑なんてかけたことはないよ」と語った。

今にも崩れ落ちそうなゲーリッグは、両脇から仲間に支えられ、大粒の涙を流した。スピーチができる状態ではなかったゲーリッグがダッグアウトに下がる。しかし、スタンドを埋め尽くした6万1808人のファンから「ルー、あなたを愛している」「ルー、俺たちはあなたが必要だ」「ルー、戻って来てくれ」と、大声援が巻き起こり、鳴り止まないコールの中、再びフィールドに戻って来た。

マイクの前にゆっくりと進み、「ファンの皆さん、この2週間、悪いニュースばかり読んできました。しかし、今日、私は世界で一番、幸せな男だと思います。私は野球選手として17年間、球場に通い続けました。ファンの皆さんから親切と励まし以外のものを貰《もら》ったことがありません」と思いを伝えた。

その後もスピーチは続き、最後にゲーリッグは「私を不運だと言う人もいるでしょう。でも、私は数え切れないほど多くの人から愛情を受け取ってきました。私の人生は本当に幸せなものです。ありがとう」という言葉を残した。

スピーチ後、2分以上続けられたスタンディングオベーションの中、ゲーリッグは涙を拭《ぬぐ》った。球場にはバンドが演奏する名曲『本当に愛している』が流れていた。ダッグアウトに戻るゲーリッグを優しく抱きしめるルースとの有名な写真は、このときに撮影されている。翌日、ニューヨーク・タイムズ紙の一面に、「球場で目撃された中で最も感動的なシーン」の見出しが躍った。

1941年6月2日、午後10時10分。ニューヨーク州ブロンクスの自宅でゲーリッグは息を引き取った。享年37。

ゲーリッグほど、MLBファンに鮮烈な記憶と素晴らしい記録を残した選手は存在しないだろう。彼もベーブ・ルースや大谷翔平のように「唯一無二の存在」だったのだ。

第5章　シーズン60本塁打、通算700本塁打

60本塁打と700本塁打が達成された2022年

2022年は、ベーブ・ルースにまつわる、もしくは連想させる大記録が次々に誕生した類い稀《まれ》なシーズンとなった。

大谷翔平が、1918年にルースが記録して以来、MLB史上2人目となるシーズン二桁《けた》勝利、二桁本塁打を達成。

そして、ニューヨーク・ヤンキースのアーロン・ジャッジが、1927年にルースがMLB史上初となるシーズン60本塁打を記録して以降、アメリカンリーグでは61年のロジャー・マリス以来、史上3人目となるシーズン60本塁打以上を記録した。

さらに、セントルイス・カージナルスのアルバート・プホルスが、1934年7月13日のデトロイト・タイガース戦で、ルースがMLB史上初となる通算700本塁打を記録して以降、史上4人目となる通算700本塁打に到達。

今後もルースにまつわる、もしくは連想させる記録が誕生する可能性はあるが、複数の選手が異なる記録をそれぞれクリアすることは、もしかしたら2022年が最後になるかもしれない。それくらい大きな記録が次々に達成された。

「世界一大きなジェントルマン」アーロン・ジャッジ

２０２２年、スプリングトレーニング最終盤にヤンキースのＧＭブライアン・キャッシュマンは、シーズン終了後にＦＡ権を取得するジャッジに対して、７年２億１３５０万ドルの大型契約を提示。開幕日の４月８日までに返答を要求したが、「今は契約の話をするときではない。試合に集中するときだ」とジャッジは契約延長に合意しなかった。「２億１３５０万ドルを賭《か》けた、世紀のギャンブル」と呼ばれ、ＧＭが契約合意前に年数や具体的な金額を公表することも、選手がこれだけの大型契約を拒否したことも含め、異例ずくめの交渉決裂となった。

４月13日、本拠地ヤンキー・スタジアムでのトロント・ブルージェイス戦で、ジャッジはシーズン第１号本塁打を記録した。しかし、この日はブルージェイズのブラディミール・ゲレーロ・ジュニアが１試合３本塁打の大活躍を見せヤンキースは敗戦。試合後、ジャッジは、「１試合３本塁打はテレビで観戦したかった。自分が出場した試合では見たくない」とコメント。敗戦試合での本塁打だったが、この１本から歴史的なシーズンが始まった。当然、このときは本人ですら知る余地もなかった。

４月22日、本拠地でのクリーブランド・ガーディアンズ戦。２番中堅手でスタメン出場したジャッジは、２打席連続本塁打を記録。２０２２年初のマルチ本塁打は、通算では17回目となった。この試合前までジャッジは、開幕してから54打席で１本塁打だったが、「強いスイングを継続できているので、心配はしていません」と語っていたとおりの結果となった。

４月26日、ジャッジは30歳の誕生日を迎える。ヤンキースの選手で、30歳時点での通算マルチ本塁打数ランキングは次のとおり。

１位　ミッキー・マントル　31回
２位　ルー・ゲーリッグ　25回
３位　ベーブ・ルース　22回
４位　ジョー・ディマジオ　21回
５位　ロジャー・マリス　18回

ジャッジを上回っているのは、ヤンキースが誇る伝説の５人だけである。

４月は６本塁打を記録。１９２７年４月のルースは４本塁打、61年４月のマリスは１本塁打だった。

4月28日から5月1日にかけては4本塁打を記録。徐々にペースが上がってきた。

5月23日、本拠地でのボルチモア・オリオールズ戦。2番右翼手でスタメン出場したジャッジは、1回裏にソロ本塁打、5回裏に一時は同点に追いつく2ラン本塁打を放ったが、チームは敗戦。この時点でジャッジは、両リーグ1位の17本塁打を放っていた。開幕42試合消化時点での「マルチ本塁打×4試合」は、1928年にルースが記録して以来、ヤンキース史上2人目となった。5月は12本塁打を記録。27年5月のルースは12本塁打、61年5月のマリスは11本塁打だった。

6月2日、本拠地でむかえたロサンゼルス・エンゼルス戦のダブルヘッダー1試合目には、3回裏に相手先発大谷からソロ本塁打を記録した。6月最初の6試合で4本塁打。その中には6月4日のタイガース戦で記録した自身初となる先頭打者本塁打も含まれる。

この時期から「ルースの60本、マリスの61本」という話題が盛んに出るようになっていく。ジャッジは「ヤンキースの偉大な選手と比較されることはとても光栄。しかし、私はマリスになろうとしているわけではありません。私はルースになろうとしているわけでもありません。私は最高のアーロン・ジャッジになろうとしているのです」と語っていた。

6月22日、敵地トロピカーナ・フィールドでのタンパベイ・レイズ戦。この試合で6月2度目、シーズン6度目のマルチ本塁打を記録。シーズン69試合消化時点で「マルチ本塁打×6試合」は、1928年にルースが記録した5試合を超えた。「身体がフレッシュな状態を維持できている。ボール球をしっかり見送り、ストライクに対して強いスイングができている」と振り返った。6月は11本塁打を記録。27年6月のルースは9本塁打、61年6月のマリスは15本塁打だった。

6月が終わり、開幕から76試合を消化した時点でのヤンキースの本塁打記録は、ルースが1928年と30年に記録した32本が最多。2位は21年ルースの31本塁打、3位は61年マリスの30本塁打、4位が56年マントルと2022年ジャッジの29本塁打となる。

7月16日、本拠地でのレッドソックス戦。2番中堅手でスタメン出場したジャッジは、5回裏にソロ本塁打、6回裏に2ラン本塁打の2打席連続本塁打を記録。この時点でジャッジの本塁打は33本となり、前半戦残り1試合で、1961年にマリスが記録したチームの前半戦最多本塁打記録に並んだ。

本塁打量産で注目を集めていたジャッジは、ドジャースの本拠地ドジャー・スタジアムで行なわれた2022年のオールスターゲームでも、ファン投票全体1位の得票数を集め、自身４度目となる選出を果たした。現場取材で久しぶりに再会したジャッジは、いつもどおり満面の笑みを浮かべながら「自分自身の調子はもちろんだが、チームがベストな状態なのが最高。自分の本塁打の数よりも、チームの勝ち星の方が大切だ。後半戦も体調維持に努めていけば、素晴らしいシーズンを過ごすことができるだろう」と答えてくれた。17年に新人王を獲得する以前から幾度となく取材しているが、いつ何時、誰とでも分け隔てなく、紳士的に接するジャッジの姿勢は、まさに「世界一大きなジェントルマン」の称号に相応《ふさわ》しい。

60号でルースに並ぶ

前半戦終了時点での64勝28敗は、ヤンキースの前半戦記録となった。

ジャッジの本塁打数とチームの勝利数に注目が集まる中、ヤンキースはシーズン後半戦に突入した。後半戦最初のカードは7月21日、敵地ミニッツメイド・パークでのヒューストン・アストロズとのダブルヘッダーだった。ジャッジは第2試合の9回表に後半戦最初の本塁打を記録した。この日から7月31日のカンザスシティ・ロイヤルズ戦にかけての10試合で９本塁打を量産。ロイヤルズ戦の本塁打は通算２００号となり、通算６７１試合での200本塁打は史上2番目の速さとなった。

この時点で42本塁打、MLB全体でジャッジの次に本塁打を記録していたのは、ナショナルリーグのフィラデルフィア・フィリーズに所属するカイル・シュワーバーが放った33本だった。

7月は13本塁打を記録したジャッジ。1927年7月のルースは9本塁打。61年7月のマリスは13本塁打である。開幕から103試合消化時点での42本塁打は、ルースが21年43本塁打、28年42本塁打、セントルイス・カージナルスのマーク・マグワイアが98年43本塁打、サンフランシスコ・ジャイアンツのバリー・ボンズが2001年44本塁打を記録して以来、MLB史上4人目の大記録となる。

8月1日、本拠地でのシアトル・マリナーズ戦。2番右翼手でスタメン出場したジャッジは、2回裏の第2打席に左中間後方のブルペンに突き刺さる2ラン本塁打を記録した。

8月8日に44号を記録した時点で、ジャッジが本塁打を記録した試合のチーム成績は28勝7敗だったが、この時期は、チームの歯車が狂い出して勝てない日々が続いた。

8月10日のシアトル・マリナーズ戦で45号、8月12日のボストン・レッドソックス戦で46号を記録するが、ともにチームは敗れ、空砲となった。

8月13日から8月21日にかけては、2022年最長となる9試合連続本塁打なし。その間、チームは3勝6敗と負け越した。

8月22日、本拠地でのニューヨーク・メッツ戦。アメリカ中が注目するインターリーグの人気カード「サブウェイ・シリーズ」に2番中堅手でスタメン出場すると、3回裏の第2打席で、MLBを代表するメッツ先発マックス・シャーザーから、ライトスタンドに突き刺さる47号ソロ本塁打を記録。試合後ジャッジは、「将来、殿堂入り間違いなしの投手から打って、体中に電気が走った。ファンの声援も最高だった。本当に楽しい試合だった」と興奮気味に振り返った。この時点で、前半戦と比較するとペースは落ちたものの、机上の計算では、シーズン62本ペースとなった。

翌日のメッツ戦でも、打った瞬間それとわかる特大本塁打をレフトスタンド中段に突き刺した。試合後、「今はボール球に手を出さない。しっかりと打てる球を待つ。打てる球が来なかったら、出塁してチームの勝利に貢献するだけ」とコメント。

8月29日、敵地エンゼル・スタジアムでのエンゼルス戦。8回表に50号ソロ本塁打を記録したが、試合は5回裏に大谷が放った逆転2ラン本塁打でエンゼルスの勝利。この試合でエンゼルスの一塁を守っていたマイク・フォードは、「ジャッジと大谷は、別の惑星の住人に違いない」と異次元の活躍を見せる2人に賛辞を贈った。9月1日以前に、シーズン50本塁打を記録した選手は、今回のジャッジを含めてMLB史上7人目。この時点では63本ペースとなった。試合後、ジャッジは「本数には興味がない。今日のように本塁打を打っても試合に負ければ、まったく意味がない。本数や数字の話が聞きたいのなら、シーズンが終わってからにしよう。今はチームの勝利が一番大切だ」とコメント。

ロジャー・マリスの息子であるケビン・マリスは、「父が生きていたら、興奮しながら観戦していたと思う。ジャッジのように紳士的な選手が父の記録に挑んでいるのはいいこと。ジャッジが本塁打を打って、父の存在が再びクローズアップされることが非常に嬉《うれ》しい」と話した。

8月後半に調子を取り戻したジャッジは、月間9本塁打／合計51本塁打を記録。1927年8月のルースは9本塁打／合計43本塁打、61年8月のマリスは11本塁打／合計51本塁打。

9月3日、敵地でのレイズ戦から9月7日、本拠地でのツインズ戦まで4試合連続本塁打を記録。マリスを超えるシーズン65本ペースに跳ね上がった。136試合消化時点で55本塁打に到達。同時点でマリスは53本塁打、シーズン73本塁打のMLB記録を持つバリー・ボンズは57本塁打を記録していた。ちなみに同時点での最多本塁打は、１９９９年にサミー・ソーサが記録した58本で、最終的には63本だった。

その後、ヤンキースは９月９日のレイズ戦から、ジャッジの打席数を確保するために終盤まで１番に固定する。

５試合連続で本塁打がなく、むかえた９月13日、敵地でのレッドソックス戦。６回表と８回表にソロ本塁打を放ってシーズン10度目のマルチ本塁打を記録。シーズン10回はヤンキース新記録となった。また、本塁打と打点の二冠が確定的な状況の中、打率も上昇し、三冠王の可能性も出てきていた。

ジャッジは、「子どもの頃、プホルスが毎年、打率３割３分、１００打点以上を記録するのを見ていた。今では古い考えかもしれないが、個人的には打率が一番重要だと思っている。だから、打率が上昇することは嬉しい」と話した。この日、先発したヤンキースのエース、ゲリット・コールは「ジャッジの今シーズンは、打者のＭＬＢ史上最高のシーズンだ」と語っていた。

９月18日、敵地アメリカン・ファミリー・フィールドでのミルウォーキー・ブルワーズ戦。３回表にライトスタンドへ58号、７回表にレフトスタンド上段へ59号を記録。全方向に本塁打を打つ、ジャッジらしいマルチ本塁打となった。シーズン11度目のマルチ本塁打は、1938年ハンク・グリーンバーグ、98年サミー・ソーサに並ぶMLBタイ記録。そして、アメリカンリーグの右打者が記録した史上最多本塁打となった。

ヤンキースのアンソニー・リゾは、「大谷とジャッジがMVPを争っているのは知っていますが、今季はジャッジのシーズンだよ」と偉大なチームメイトを称《たた》えた。ジャッジは「打てないと何か言われて、打っても何か言われる。私はチームメイト、監督、コーチの意見しか聞きません。私はチームの勝利に貢献することだけに集中している」とコメント。

9月20日、移動日をはさみ、本拠地に戻ってのパイレーツ戦。1番右翼手でスタメン出場すると、9回裏に最終打席が回ってきた。この回からパイレーツの投手はウィル・クロウ。3ボール1ストライクとなり5球目のシンカーを振り抜くと、打球は綺麗《きれい》な弧を描きながらレフトスタンドへ消えて行った。記念すべき第60号を見届けた4万157人のボルテージは最高潮に達した。

監督のアーロン・ブーンに催促され、ジャッジはカーテンコールに一瞬だけ応えた。この時点でチームは5対9と敗戦ムードだったため、ジャッジは無表情だった。しかし、ジャッジの本塁打が呼び水となり、ヤンキースはジャンカルロ・スタントンのサヨナラ逆転満塁本塁打で激勝を果たす。

ロジャー・マリス・ジュニア、ケビン・マリス。マリスの2人の息子がスタンドで観戦する中、60号を打ったジャッジは試合後、「子どもの頃、ルース、マリス、マントルなど、ヤンキースの偉大な選手たちと自分が同じように語られることなど、想像もしていなかった。それは、信じられないくらい名誉なことだ」という言葉を残した。

アメリカンリーグ新記録のシーズン62号

ルースに並ぶ60本塁打を記録したジャッジに、本塁打記録を持つバリー・ボンズが「ここからが一番苦しい時間だ」と語ったように、ジャッジも記録更新に向けてここから産みの苦しみを味わう。

9月27日、敵地ロジャース・センターでのブルージェイズ戦。ジャッジは7試合連続本塁打なしだったが、チームの地区優勝が決定。ジャッジは、「チームが勝つならば、1試合4四球でも構わない」とコメント。ヤンキースは、記録更新の瞬間のために、ジャッジの母パティやマリスの親族をチームのロードゲームに帯同させていた。

地区優勝が決まった翌9月28日、敵地でのブルージェイズ戦。1番指名打者でスタメン出場すると、第1打席はフルカウントから四球。第2打席はライトフライ。第3打席はサードゴロ。3対3の同点でむかえた7回表、この回から相手投手はティム・メイザに交代。9番アーロン・ヒックスがヒットで出塁してむかえた第4打席、フルカウントから甘く入ってきたシンカーを強振すると、打球は低い弾道でフェンスを越え、ブルージェイズのブルペンに着弾。わずか3・8秒の出来事だった。普段は相手投手へのリスペクトから表情を変えないジャッジだが、このときばかりは、安堵《あんど》の表情と笑顔を見せながら塁上を巡り、ホームに帰って来ると、バックネット後方で観戦していた母パティ、マリス・ジュニアに向かって自身のヘルメットを掲げてみせた。

ジャッジはこう喜んだ。「しばらくの間、ルースと60本で並んでいる時間は特別だった。今度は、61本塁打を打ち、MVPを獲得し、ワールドシリーズチャンピオンにもなったヤンキースの偉大な右翼手マリスと並んだ。本当に特別なことだ」。

そして、母パティに「リトルリーグ時代から、学校の準備や宿題、最初の練習日、最初の試合、マイナーでの最初の試合、MLBのデビュー戦、そして、今この瞬間も母は見届けています。私たち家族にとって特別な瞬間です」と語った。

マリス・ジュニアはエールを送る。「ジャッジはクリーンです。彼が62本を記録したら、彼こそが尊敬を集める真の本塁打記録保持者になります」。

ブルージェイズのブルペンに着弾した記念すべき本塁打ボールは、ブルペンコーチ、マット・ブッシュマンが確保して、クローザー、ジョーダン・ロマノに渡り、ロマノからヤンキースのブルペン投手ザック・ブリットンへ渡ったすえ、ジャッジのもとへ。ジャッジは、そのボールを会見後、母パティに手渡す。

61号を記録したジャッジだったが、打撃の調子は再び下降線を辿《たど》り、記録更新は10月３日から始まる敵地グローブライフ・フィールドでのテキサス・レンジャーズとの最終４連戦に持ち越された。

10月３日の初戦は４打数１安打。10月４日のダブルヘッダー第１試合は５打数１安打。残すレギュラーシーズンは２試合となった。

10月４日の第２試合、１番右翼手でスタメン出場すると、１回表に27歳、苦労人のヘス・ティノコと対戦。初球ストレートが外れて１ボール、２球目スライダーが決まり１ボール１ストライク、３球目のスライダーを強振。打球は高々と舞い上がり、時間が止まったようにゆっくりとレフトスタンドに吸い込まれていった。

ついに、61年ぶりのアメリカンリーグ新記録となる第62号を放った。バックネット裏で見つめていた母パティと父ウェインは、抱き合いながら歓喜の瞬間を味わっていた。「正直に話すとプレッシャーを感じていました」と試合後にジャッジは振り返った。

第1試合で相手先発ジョン・グレイを打てずにダッグアウトに戻ってきたジャッジは、ヘルメットを叩《たた》きつけた。その場面を見たエースのコールは、「あんな行動を取るジャッジを初めて見た」と驚いていた。「球場に来るファンは、私の本塁打を期待しているのではなく、エキサイティングな試合展開でチームが勝利することを期待していると思ったら、だいぶ気が楽になりました」と清々《すがすが》しい表情で語った。

ジャッジは大谷との争いを制して、2022年アメリカンリーグのMVPを獲得。12月7日、9年3億6000万ドル、MLB史上3番目の大型契約でヤンキースに残留。平均年俸は4000万ドル。エンゼルスのマイク・トラウトの平均年俸3554万ドルを超える、MLB野手史上最高額となった。

そして、2023年からは、ベーブ・ルース、ルー・ゲーリッグ、デレク・ジーターなどが務めた名門ヤンキースの第16代キャプテンへの就任が決定。「世界一大きなジェントルマン」は、「世界一大きな賭け金のギャンブル」で見事な勝利を収めたのだ。

「悲運の本塁打王」ロジャー・マリス

あの61本の本塁打を打っていなかったら、もっと楽しかっただろうに……。

――ロジャー・ユージーン・マリス

（１９９３年発売　Babe Ruth's Incredible Records and the 44 Players Who Broke Them　より拙訳）

ロジャー・マリスは、クロアチア系移民の子として１９３４年９月10日にミネソタ州ヒビングで生まれた。38年にノースダコタ州グランドフォークスに、46年にノースダコタ州ファーゴに引っ越し、高校時代は野球よりもアメリカンフットボールの選手として優秀で、幾つもの全米高校生記録を樹立。

卒業後、アメリカンフットボールの選手として大学から奨学金のオファーを受けていたが、マリスは１９５３年にインディアンス傘下のマイナー、ファーゴ・ムーアヘッド・ツインズに入団。マイナーリーグで４年間プレーし、57年４月16日に本拠地クリーブランド・スタジアムでのシカゴ・ホワイトソックス戦で、５番左翼手でＭＬＢデビュー。３安打の活躍を見せた。デビュー2戦目となった4月18日のタイガース戦では、MLB第1号を満塁本塁打で記録。

好守好打の外野手として成長し、1958年にはカンザスシティ・アスレチックスに移籍。59年にはオールスターに初選出される。「私はカンザスシティが大好きだった」と後にマリスは語るが、59年12月11日、ヤンキースとアスレチックスの間で総勢7選手のトレードが成立。マリスはヤンキースへ移籍した。ちなみにこのトレードで、56年のヤンキース対ブルックリン・ドジャースのワールドシリーズ第5戦で、ワールドシリーズ史上唯一となる完全試合を達成したドン・ラーセンが、ヤンキースからアスレチックスへ移籍している。

当時のヤンキースは、ベーブ・ルース、ルー・ゲーリッグ、ジョー・ディマジオが引退し、1951年にディマジオの後継者として弱冠19歳でデビューを飾った「史上最強のスイッチヒッター」ミッキー・マントルの時代である。

1960年4月19日の開幕戦。敵地フェンウェイ・パークでのレッドソックス戦で、1番右翼手としてヤンキースデビューを飾った。移籍後3試合目には4番に座るなど活躍し、後に「MM砲」と称される3番右翼手マリス、4番中堅手マントルの並びは、6月25日のインディアンス戦で初めてお披露目された。

移籍1年目に打点王に輝き、チームメイトのマントルとの熾烈《しれつ》な争いを制してMVPを獲得。1位マリスと2位マントルのポイント差はわずか3だった。このときのMVP、ゴールドグラブ、打点王がマリスにとって初の個人タイトルとなった。

1961年シーズンに61号を記録した

1961年はアメリカンリーグが8チームから10チームに拡張され、試合数は154試合から162試合制に移行した。むかえた4月11日の開幕戦は、この年から本拠地をミネアポリスに移し、ワシントン・セネターズから名称が変更されたミネソタ・ツインズ戦。この日の主軸は、3番にヤンキース伝説の名捕手ヨギ・ベラ、4番中堅手マントル、5番右翼手マリスだった。開幕後、なかなか調子が上がらないマリスは、打順を7番まで下げられる試合もあった。

開幕11試合目、4月26日のタイガース戦に7番右翼手でスタメン出場し、ようやくシーズン第1号本塁打を記録した。結果、マリスが4月に記録した本塁打はこの1本のみ。マントルは4月に7本塁打を放った。

5月3日のツインズ戦で第2号本塁打を記録したが、スランプ状態は継続。

5月17日、本拠地での第2期ワシントン・セネターズ（1961年誕生の拡張球団。72年にテキサスに移転して、現テキサス・レンジャーズ）戦。7番右翼手でスタメン出場して8回裏に第4号2ラン本塁打を記録。この1本をきっかけに、マリスは本塁打量産モードに突入していく。

17日から4試合連続本塁打を記録し、5月終盤13試合で9本塁打。5月終了時点でマリスは12本塁打、マントルは14本塁打を放った。5月29日、敵地フェンウェイ・パークでのレッドソックス戦からシーズン終了まで、マリスとマントルが揃って試合に出場するときは、3番右翼手マリス、4番中堅手マントルの「MM砲」が完全に固定された。

6月に入ってもマリスとマントルの本塁打量産ペースは落ちなかった。マントルは6月に11本塁打、マリスは15本塁打を記録。この頃になると1927年にルースが記録した不滅の60本塁打更新に注目が集まってきた。世間では、生え抜きでいつも陽気なマントルと、職人肌で寡黙なマリスを比べて、「もしルースの記録が破られるなら、マントルが相応しい」という雰囲気が出来上がっていった。1927年6月のルースは25本塁打、マントルは25本塁打、マリスは2人を上回る27本塁打を記録した。

7月15日、敵地コミスキー・パークでのホワイトソックス戦。3番右翼手でスタメン出場したマリスは、3回表に第35号ソロ本塁打を記録。この試合がヤンキースの86試合目だった。

7月17日、１９５1年9月20日に第3代ＭＬＢコミッショナーに就任したフォード・フリックが急遽《きゅうきょ》、記者会見を開いた。その席でフリックは、「シーズンの本塁打記録は、ベーブ・ルースが１５４試合制で達成した。今後は、１５４試合時点で60本に並ぶ、もしくは超えていない場合は、60本を超えてもその本塁打は参考記録とする」と発表した。

参考記録を意味するアスタリスクのマークは、そのときにニューヨーク・デイリーニューズ紙の記者ディック・ヤングが考案した。記者からコミッショナーに登り詰めたフリックは、記者時代からルースと親しく、ルースのゴーストライターを務めていたことでも有名な人物である。そのフリックがあからさまにルースの記録を守ろうとしていることにファンや記者は混乱し、フリック案擁護派と否定派に分かれて大論争が巻き起こった。

喧騒《けんそう》の中、マリスとマントルは本塁打を打ち続ける。マリスは7月に13本塁打／計40本塁打、マントルは14本塁打／計39本塁打を記録。

8月に入るとマントルのペースが落ち始めたが、マリスは好調を維持。

8月22日、敵地ロサンゼルス・リグレー・フィールドでのロサンゼルス・エンゼルス（1961年拡張球団として誕生）戦。3番右翼手でスタメン出場し、6回表に第50号2ラン本塁打を記録。マリスは「私はベーブ・ルースになりたくない。ルースは素晴らしい野球選手です。私は彼に取って代わろうとしているわけではありません。記録は記録です。記録を破りたいと思っていますが、それは、ベーブ・ルースに取って代わるものではありません」と語った。

マリスは8月に11本塁打／計51本塁打、マントルは9本塁打／計48本塁打。60本塁打が現実味を帯びてきた頃からマリスは、殺害予告を筆頭に数多くの脅迫文を受け取っていた。危機的状況にニューヨーク市警は、刑事のキーラン・バークをマリスの身辺警護のために派遣する。

9月2日のタイガース戦で52、53号。9月6日のセネターズ戦で54号。9月7日のインディアンス戦で2試合連続の55号。9月9日のインディアンス戦で56号。9月16日のタイガース戦で57号。9月17日のタイガース戦で2試合連続の58号を放った。

この時点での試合数は152試合。コミッショナーのフリックが定めた154試合まで、残り2試合。この頃、マリスは強度の不眠症に加え、強烈なプレッシャーの影響で脱毛症にも罹《かか》っていた。この時期に撮影された写真には、目がうつろで、頬がこけ落ちたマリスの表情が残されている。

　１５３試合目と１５４試合目は、９月19日に敵地メモリアル・スタジアムで行われたオリオールズとのダブルヘッダーだった。２試合ともスタメン出場を果たしたマリスだが、結果は２試合合計８打数１安打で本塁打はなかった。しかし、翌日に行われた１５５試合目で59号を記録。そして１５９試合目で60号を放った。

　10月１日の最終戦、本拠地でのレッドソックス戦で４回裏に第61号ソロ本塁打を記録した。マリスと熾烈な本塁打王争いを演じたミッキー・マントルは、最終的に自己最多となる54本塁打を記録。マリスは本塁打と打点の二冠王に輝き、１９６０年同様に、マントルを抑えて２年連続のＭＶＰを受賞した。マリスは「私は今回の騒動を望んではいませんでした。私が望んでいたのは、優れた野球選手になり、25本か30本の本塁打を打ち、１００打点を記録して、２割８分の打率を残して、チームの地区優勝に貢献することだけでした。いいシーズンを過ごす平均的な選手の一人になりたかっただけです」というコメントを残した。

　その後マリスは、１９６６年までヤンキースでプレーした。66年12月8日にトレードでカージナルスに移籍。2年間プレーを続け68年に34歳で引退した。引退後の77年、ニューヨーク・ポスト紙のインタビューでマリスは「私は毎日、ヤンキー・スタジアムに通いました。道すがらファンは私の背中を押してくれました。でも、アメリカンリーグでの最後の6年間は、私にとって精神的な地獄でした。野球をプレーしたいという私の欲求はすべて尽きてしまいました」と語っている。

長い間、MLBのシーズン本塁打記録はルースの60本で、マリスは参考記録として表記されてきたが、1989年9月13日に第8代MLBコミッショナーに就任したフェイ・ビンセントが、91年9月4日に「記録は統一されるべきであり、マリスは誰よりも多くの本塁打を記録した」と発言して、61年のマリスの61本塁打が公式記録に認定された。

1983年に悪性リンパ腫《しゅ》と診断されたマリスは、85年12月14日、テキサス州ヒューストンのMDアンダーソン病院で家族に看取られながら息を引き取った。享年51。自身の偉大な記録が公式に認められることを知らずに、ロジャー・マリスは旅立ってしまった。

アルバート・プホルスの偉大なる旅路を辿る

２０２２年にアーロン・ジャッジが、１９６１年のロジャー・マリスの記録を破ったように、「シーズン記録」は、一瞬でも強烈な輝きを放つことができる異才が登場すれば破られる可能性を秘めている。

84年間破られることがなかったジョージ・シスラーのシーズン最多安打記録２５７本は、２００４年にイチローによって破られた。

１９４１年にテッド・ウィリアムスが記録して以来、誰も記録していないシーズン打率4割も、いつの日か彗星《すいせい》のように現れた異才によって記録されるかもしれない。

しかし、1安打、1打点、1本塁打を長期間にわたり積み上げて築かれていく「通算記録」は、選ばれし者しか到達できない究極の頂だ。

１９８０年1月16日、ドミニカ共和国の首都サントドミンゴで生まれたホセ・アルバート・プホルス・アルカンタラ。5歳でバットを握り、グラブは牛乳パックで作り、ボールは果物のライムやレモンという環境でプホルスは野球を始めた。

16歳のときに父ビエンベニードと祖母の3人で、ドミニカ移民が多く移り住んでいたニューヨーク州ニューヨーク市ワシントン・ハイツに親戚《しんせき》を頼って移住。当時のワシントン・ハイツには、4万以上のドミニカ人が移り住んでいた。このコミュニティから多くのドミニカ系選手が誕生しているが、その代表格が、一時代を築いた名打者マニー・ラミレスだ。

プホルスが移住して2ヶ月後、近所の商店に拳銃《けんじゅう》を持った強盗が押し入る事件が発生したことがきっかけとなり、プホルス親子はミズーリ州カンザスシティの近郊の街、インディペンデンスに引っ越した。

地元のフォートオーセージ高校に入学したプホルスは、英語が理解できずに学校生活に苦労したが、野球では「言葉は要らない」とばかりに大活躍を見せた。

卒業後は、1949年からヤンキースの監督としてワールドシリーズ5連覇を達成した名将ケーシー・ステンゲルの母校でもある、メープル・ウッズ短期大学に進学。

1999年、1年生終了時点のドラフトでセントルイス・カージナルスから13巡目、全体402位で指名を受けたプホルスは、提示された1万ドルの契約金に不満を抱き、契約を拒否して大学野球のサマーリーグに参加。そこで好成績を収めたプホルスに対して、カージナルスは6万ドルの契約金を再提示。ようやく契約が成立した。

プロ1年目の2000年、シングルAのミッドウエストリーグでMVPを獲得。プロ2年目の01年、早くもMLBのスプリングトレーニングに招待されたプホルスは、「自信しかない、あとはプレーする環境が整うだけ」の言葉どおりに結果を残す。そして、オールスター選出６回を誇るベテランスター選手ボビー・ボニーヤの故障などもあり、見事、開幕ロースター入りをつかんだ。

２００１年４月２日の開幕戦。敵地クアーズ・フィールドでのコロラド・ロッキーズ戦。本来のポジションは三塁手だが、６番左翼手でスタメン出場を果たす。１９８０年代生まれで初のＭＬＢ選手となったプホルスは、２回表に回ってきた初打席で、当時の最強左腕の一人、マイク・ハンプトンを相手にサードゴロに倒れた。４回表の第２打席もレフトフライで凡退したが、７回表の第３打席でＭＬＢ初安打となるレフト前ヒットを記録した。

４月６日、デビュー４試合目は敵地バンクワン・ボールパーク（現チェイス・フィールド）でのアリゾナ・ダイヤモンドバックス戦だった。５番右翼手でスタメン出場し、むかえた４回表の第２打席。相手先発アーマンド・レイノソの４球目を振り抜いた打球は、高々と舞い上がりレフトスタンドに突き刺さるＭＬＢ初本塁打、初打点となった。この１本、この１打点が偉大な記録へとつながる最初の一歩となる。

その後、プホルスの活躍は加速度的に爆発していった。名門カージナルスのルーキーとして球団史上初となるオールスター出場を果たすなど活躍を見せ、１６１試合、３割２分

9厘、37本塁打、130打点を記録。史上9人目となる満票で新人王を獲得した。新人選手の3割、30本塁打、100打点、100得点は、1950年レッドソックスのウォルト・ドローポ以来、MLB史上4人目の快挙となった。

2002年は、MLB史上初となる、デビューから2年連続3割30本塁打100打点を記録。

この記録は2010年まで続き、前人未到の10年連続に更新された。このハイレベルでの安定感からプホルスは「ザ・マシーン（機械）」と呼ばれた。

2003年は、打率3割5分9厘を記録し、初の打撃タイトルとなる首位打者を獲得。また、この年の7月20日に通算100号本塁打を達成した。デビュー3年目のシーズンに通算100号を記録したのはMLB史上4人目の偉業。この頃、プホルスは、「スタン・ミュージアルの通算成績の半分以上は手に入れたい」と語っていた。

スタン・ミュージアルは、1941年から63年までカージナルス一筋でプレー。実働22年間で3630安打、475本塁打、1951打点を記録。首位打者7回、打点王2回、MVP3回、オールスター選出20回を誇る希代の名選手である。愛称は「スタン・ザ・マン（男の中の男）」。背番号6はカージナルスの永久欠番で69年に殿堂入りを果たしている。

２００5年9月30日、当時ＭＬＢ史上2番目の速さで通算２００号本塁打を記録。この年、自身初となるＭＶＰを獲得した。

２００8年7月4日、通算３００号本塁打に到達。この年、自身2度目となるＭＶＰを受賞。

２０１０年8月26日、ＭＬＢ史上4番目の速さで通算４００号を記録。プホルスは常々、「数字は見ていない。私は数字に縛られていません。私が見ているのは投手が投げるボールだけです。チームが勝利することに貢献するだけです」と語っていた。

２０１1年、レンジャーズとのワールドシリーズ第3戦でプホルスは、ベーブ・ルース、「ミスター・オクトーバー」ことレジー・ジャクソン以来、史上3人目となる1試合3本塁打を記録し、自身2個目となるチャンピオンリングを獲得。そして、チャンピオンフラッグを置き土産に、12月8日、カージナルスに別れを告げ、ロサンゼルス・エンゼルスと10年2億５４００万ドルの大型契約を締結した。

２０１4年4月22日、敵地ナショナルズ・パークでのワシントン・ナショナルズ戦。3番一塁手でスタメン出場したプホルスは、初回に第４９９号本塁打、5回には通算５００号本塁打を記録。同じ試合で４９９号と５００号を記録した史上初の選手となった。

2017年6月3日、本拠地でのミネソタ・ツインズ戦。3番指名打者でスタメン出場したプホルスは、4回裏に相手先発アービン・サンタナから、MLB史上9人目となる第600号を満塁本塁打で記録。600本目を満塁本塁打で記録した史上初の選手となった。達成当時37歳のプホルスは、アレックス・ロドリゲス、ベーブ・ルース、ハンク・アーロンに次ぐ、史上4番目の若さでの到達となった。

2018年5月4日のシアトル・マリナーズ戦で、MLB史上32人目となる通算3000安打を達成。アメリカンリーグとナショナルリーグの両リーグで1000安打以上は、史上9人目の記録となる。

2019年5月9日のタイガース戦で、MLB史上4人目となる通算2000打点に到達。

2021年5月6日、エンゼルスから戦力外通告を受ける。5月13日にFAとなり、家族と話し合った結果、5月17日にロサンゼルス・ドジャースと契約。シーズン終了後の11月3日に再びFAとなった。

2022年3月28日、古巣カージナルスと1年250万ドルで契約。「今年を最後に引退する」と発表して挑んだラストシーズンだった。この年から導入された通称「ユニバーサルＤＨ」（ナショナルリーグでも指名打者制を導入）が、プホルスの契約につながったことは間違いないだろう。投手が降板後も指名打者でプレーできる通称「大谷ルール」に対して、指名打者制導入は「プホルスルール」と言っても過言ではない。もし、このルール変更がなければ、21年がプホルスのラストイヤーになっていた可能性が高い。

シーズン開幕時点での通算本塁打は６７９本。前半戦終了時点の本塁打数はわずか６本。42歳になったプホルスの近年のパフォーマンスを考慮すると、通算７００号到達は不可能と思えた前半戦だった。

これまでのキャリアと実績が評価され、現役唯一の三冠王獲得者であるタイガースのミゲル・カブレラとともに、コミッショナー特別推薦枠で２０１５年以来となるオールスターに選出。ホームランダービーにも出場した。

プホルスがホームランダービーに初出場したのは、２００３年ホワイトソックスの本拠地ＵＳセルラー・フィールドだった。現地取材をしたこのホームランダービーは、強烈な印象として現在も脳裏に残っている。ホームランダービーでは、本数を稼ぐために強振するので、打球は必然的に引っ張り方向になるが、03年当時のプホルスの本塁打は、逆方向にスタンドインする打球が大半を占めていた。

プホルス最後のホームランダービーも現地で見届けたが、当然、２００３年のような打撃ではなく、持てる力を振り絞り、一生懸命、引っ張って打球を飛ばそうとしていた。それでもプホルスは、顔見世興行的な出場にもかかわらず本命のシュワーバーを破り、見事に勝ち上がってみせた。

７００号へ到達

後半戦に入るとプホルスは、突如、全盛期を彷彿《ほうふつ》とさせる本塁打量産モードに突入した。7月27日のブルージェイズ戦で後半戦1本目の本塁打を記録すると、8月14日のブルワーズ戦と8月20日のダイヤモンドバックス戦で1試合2本塁打を記録。8月は月間8本塁打、通算本塁打は６９４本となった。

9月23日、敵地ドジャー・スタジアムでのドジャース戦。2番指名打者でスタメン出場したプホルスは、第1打席は空振り三振に倒れた。

3回表の第2打席、相手先発アンドリュー・ヒーニーの4球目のストレートを強振。打った瞬間それとわかる打球はレフトスタンド上段に着弾する第６９９号本塁打となった。

4回表の第3打席、2アウト、ランナー一、二塁。投手はフィル・ビックフォード。初球ストライク、２球目はスライダーが外れて、１ボール１ストライク。３球目、インコースのスライダーをすくい上げた打球は、綺麗な弧を描きながらゆっくりとレフトのフェンスを越えて行った。

２打席連続本塁打で通算７００号本塁打を達成した。大歓声に包まれたドジャー・スタジアムのファンに、カーテンコールで応えたプホルスは、ダッグアウトからクラブハウスにつながる通路で感情を爆発させ、一人で大号泣。そんなプホルスの背中を見つめていたカージナルスのオリバー・マーモル監督は、「彼が一人で通路に入り、自分がたった今、成し遂げたことを考えている姿は、私にとっても特別な瞬間だった」と喜んだ。

７００号を打たれたドジャースのビックフォードは、「本塁打を打たれた瞬間は、頭にきた。でも、ファンが反応して、みんなの笑顔を見たとき、ＭＬＢにとって非常に特別な瞬間だと理解しました。プホルスは、私が今まで会った中で、最も素晴らしい選手です。彼はまるで大きなテディベアのような素晴らしい人物です」と賛辞を贈った。

プホルスは、「家族が見守る中で打つことができた。本当に特別な夜になった。神様に感謝する」。そして「私は22年間、今の瞬間でも数字を追いかけることはしない。欲しいのは、セントルイスの街にもう一つ捧《ささ》げるチャンピオンリングだけだ」と高らかに宣言した。

後半戦に量産モードに入ったプホルスだが、もしかすると、ホームランダービーに出場したことが好影響をもたらしたかもしれない。本人に取材できていないので真偽のほどはわからないが、将来、プホルスと再会したら、「ホームランダービーに出場して、本塁打の打ち方を思い出した？」と聞いてみたい。プホルスは引退後、10年間はエンゼルスのアドバイザーとして残ることが決定しているので、早ければ2023年中に会えるかもしれない。

アルバート・プホルスは実働22年間で、703本塁打、3384安打、2218打点を記録した。本塁打数はMLB歴代4位、安打数は9位、打点は2位。3000安打／700本塁打／2000打点は、ハンク・アーロン以来、史上2人目。650本塁打／650二塁打はMLB史上初の快挙となる。

プホルスがデビュー間もない頃、目標に掲げていたスタン・ミュージアルに安打数こそ届かなかったが、本塁打や打点は、遥《はる》かに上回った。

プホルス引退後の現役選手最多本塁打は、2023年に引退することを発表したタイガースのカブレラの507本。2位が42歳ネルソン・クルーズで459本。3位が33歳スタントンの378本となる。その他の有望選手では、31歳のマイク・トラウトが350本。パドレスのマニー・マチャドが30歳で283本。ジャッジは同じく30歳で220本塁打を記録している。

机上の計算では、700本どころか、今後は600本を記録する選手の出現ですら難しくなりそうだ。500本ですら、現役選手で可能性があるのは、31歳で350本塁打を記録しているトラウトだけになるかもしれない。

打点に関しても、現役最多がカブレラの1847打点。2位が40歳ロビンソン・カノの1306打点、3位がクルーズの1302打点。若手では、31歳トラウトが896打点。30歳マチャドが853打点。同じく30歳のブライス・ハーパーが817打点を挙げているが、プホルスが記録した2000打点に届きそうな現役選手は皆無である。同じように3000安打も現役選手でクリアする可能性を秘めている選手は見当たらない。

プホルスが残した通算記録のうち、一つの部門ですら超えることが難しい状況で、ましてや本塁打／打点／安打の3部門で同等の成績が残せる選手が出現するとは想像すらできない。

大谷翔平がベーブ・ルース以来、104年ぶりとなるシーズン二桁勝利、二桁本塁打を記録したが、プホルスが記録した700本塁打／2000打点／3000安打は、今後100年間待ち続けても見ることができない、不滅の記録になるだろう。

プホルスがデビューを果たした2001年は、イチローの衝撃デビューシーズンと同じ年だ。数々の記録と記憶を残した伝説の選手が同時期にプレーをしていたことも奇跡的と言えるだろう。もう、こんな奇跡は起こらないかもしれない。現在のMLBファンは、短期的にも中長期的にも、素晴らしい時間を共有している。

2022年11月1日、アルバート・プホルスはMLB機構に引退届を提出し、正式に引退した。

栄光に満ち溢《あふ》れたプホルスの長き旅路は、数々の偉大な記録とともに終演をむかえ、家族のもとに帰るときが来たのだった。

第6章　二刀流のこれから

大谷の出現により新たなルールが作られた

大谷翔平の投打の活躍は、日本では「二刀流」と言われるが、ＭＬＢでは「ＴＷＯ　ＷＡＹ　ＰＬＡＹＥＲ」と表現される。大谷がＭＬＢデビューを果たす以前には、二刀流に関するルールは存在しなかった。

ベーブ・ルースの時代は、「指名打者制」もなかった。

１９６０年代後半から70年代前半は投高打低の時代と言われる。ＭＬＢ史上最後の30勝投手となっているデニー・マクレーンが31勝を記録した68年は、ボブ・ギブソンが防御率１・12を記録。この年、アメリカンリーグのマクレーンとナショナルリーグのギブソンがともにＭＶＰとサイ・ヤング賞をダブル受賞した。

ＭＬＢの長い歴史の中でも、投手が両リーグでダブル受賞したのはこのシーズンしかない。極端な投高打低を解消するために、マウンドを低く、ストライクゾーンを縮小するルール改正を行なったＭＬＢ機構は、１９６９年からマイナーリーグで指名打者制導入の実証実験を開始する。

１９７３年１月11日に開催されたアメリカンリーグのオーナー会議で、３年間限定の指名打者制導入案が議題にあがり、12チームのオーナー投票で賛成８、反対４となり、試験的に導入することが決定。観客動員数の減少に苦しんでいたアメリカンリーグだったが、指名打者制導入により攻撃的な試合が増え、観客動員数が増加に転じた。その結果、3年間の時限制度を撤廃して指名打者制は定着することとなる。80年代に入りナショナルリーグでも指名打者制導入の機運は高まったが、ナショナルリーグのオーナー会議で否決され、その後、議題として取り上げられることはなかった。

新型コロナウイルスの世界的パンデミックの影響でシーズンが短縮された2020年、MLB機構は特例としてナショナルリーグにも指名打者制を導入。21年オフに行なわれた新労使協定交渉が決裂して悪夢の「ロックアウト」に突入したが、22年に入り交渉が再開され、3月10日に合意に達した労使協定でナショナルリーグへの指名打者制導入が決定した。「ユニバーサルDH」と呼ばれるこの制度は、交渉の過程で「先発投手と指名打者の兼任」が可能となり、「先発兼指名打者」でスタメン出場した選手が投手降板後も指名打者で出場することができるようになった。通称「大谷ルール」の誕生である。

そして、大谷の登場により、もう一つルール改正が行われている。現在、ベンチ入りメンバー、ロースター枠は26人で、「投手登録」13人以内と「野手登録」に分けられている。野手登録された選手は、6点差以上ついた試合、もしくは延長戦にしか登板することはできない。この区分に対して、2019年3月14日にMLB機構は、「TWO WAY枠」の新設を発表した。前年に投手として20イニング以上の登板実績があり、打者として1試合3打席以上消化した試合が20試合以上ある選手は、「TWO WAY」として登録できる。

この「TWO WAY枠」を効果的に利用できれば、13人に限られている投手を実質14人起用することが可能となる。このルールは2020年から導入される予定だったが、20年と21年は新型コロナの影響で厳密には施行されず、22年から本格的な運用が始まった。大谷は「そういう枠を作ってもらったことは大きい」とコメント。

「ユニバーサルDH」と「TWO WAY枠」は、大谷がMLBでプレーをしていなければ導入されていない新ルールである。

こうしたルール変更を経て、より機能的かつ有効的に二刀流でプレーできる環境が整っていった。

二刀流創成期

ベーブ・ルースが二刀流の活躍を見せていたことはこれまでに述べてきたとおりだが、イチローに破られるまでシーズン最多安打記録を保持していたジョージ・シスラーも、二刀流として活躍していた時期があった。

シスラーは、１９１５年６月28日、敵地コミスキー・パークでのシカゴ・ホワイトソックス戦で、セントルイス・ブラウンズの一員として６回からリリーフ投手としてＭＬＢデビューを飾り３回無失点の好投。加えて、６回表に回ってきたＭＬＢ初打席で初ヒットとなる内野安打を記録した。

７月３日、本拠地でのインディアンス戦で９番投手としてスタメン出場したシスラーは、ＭＬＢ初先発初勝利を完投で記録。１年目のシスラーは、投手として15登板、８先発、４勝４敗、防御率２・83。打者として81試合出場、打率２割８分５厘、３本塁打、29打点を残した。投手以外にも一塁手と外野のすべてのポジションで出場したシスラーは、２年目から打者に転向する。

投手としては、１９２８年にリリーフ登板を１試合記録したのを最後に実働７年間で24登板、12先発、５勝６敗、防御率２・35。本業の打者としては、実働15年間で通算打率３割４分０厘、通算安打２８１２本を記録した。当時ブラウンズの監督を務めていたブランチ・リッキーは、「４、５日に一度、投手としてプレーするだけではもったいない。シスラーは打撃、守備、すべてが上手い」と投手から野手への転向を決めたのだった。

その後、二刀流の歴史は、1920年2月13日に発足したニグロナショナルリーグと、1923年に誕生したイースタン・カラードリーグを中心とした「ニグロリーグ」へと舞台が移っていく（注　ニグロ、カラードについては117ページに注記を記載）。

当時の同リーグは、資金繰りが苦しく、ほぼ全球団が経営難に陥り、1928年にイースタン・カラードリーグが破綻《はたん》。31年にはニグロナショナルリーグも休止に追い込まれた。リーグ崩壊後、アフリカ系アメリカ人選手の野球文化は、風前の灯《ともしび》となった。その危機を救った一人が、ピッツバーグで事業に成功して富を手に入れていたガス・グリーンリー（後年、ブランチ・リッキーとともにジャッキー・ロビンソンのデビューに一役買った）。

グリーンリーは、リーグが崩壊してチーム解散の危機をむかえていた地元のピッツバーグ・クロフォードを、1931年に買収。違法賭博《とばく》や闇酒場でさらに財力を増したグリーンリーは、後に伝説の投手となるサッチェル・ペイジや捕手のジョッシュ・ギブソンなどを獲得していった。ペイジとギブソンの黄金バッテリーでピッツバーグ・クロフォードは人気を博し、10万ドルの資金を投じて32年4月29日にグリーンリー・フィールドを開場。アフリカ系アメリカ人が建設・所有する国内初の球場となった。

１９３３年２月、アフリカ系アメリカ人の野球界で最大の発言権を持つようになったグリーンリーは、新たなリーグを発足して、初代コミッショナーに就任した。20～48年までが、一般的に「ニグロリーグ時代」と定義されている。

刷新された同リーグだが、財政的には依然苦しい状態が続いていた。そのため、各チームは人件費を抑制するために平均20人前後の選手でシーズンを消化することが常となり、必然的に投手と打者を兼任する選手が数多く存在していた。

その中で、二刀流として活躍した選手の代表格がバレット・ジョー・ローガンである。第一次世界大戦中に、アフリカ系アメリカ人だけのアメリカ陸軍第25歩兵連隊の兵士で構成された「レッカーズ」でプレーして、除隊後の１９２０年に同リーグのカンザスシティ・モナークスに入団。

投手兼外野手としてプレーしたローガンは、１年目に投手として14登板、13先発、７勝５敗、防御率３・12。打者として48試合、打率２割９分６厘、１本塁打、19打点を記録。加入３年目となる１９２２年には、投手として26登板、21先発、14勝８敗、防御率２・83。打者として74試合、打率３割６分９厘、15本塁打、55打点を記録し、シーズン二桁《けた》勝利、二桁本塁打を達成。ローガンが同リーグで二桁本塁打を記録したのは22年だけである。

実働13年間で120勝52敗、防御率2・65。打者として3割3分8厘、50本塁打、419打点を記録した。ローガンのプレーを実際に見ていたヤンキースの名将ケイシー・ステンゲルは、伝説の投手サッチェル・ペイジとローガンについて、「もし、自分のチームに加えるのならば、ローガンだ。ペイジのボールは速かったが、ローガンのストレートも負けていない。それにローガンは打つことができる。ただ打てるだけではなく、素晴らしい打者だった」と語っている。ペイジも「私の野球人生で初めて先発投手が4番打者でヒットを打つところを見た」と回顧している。

同リーグの研究家で歴史家でもあるフィル・ディクソンは著書の中で、「レベルの高いセミプロと陸軍のチームでの成績を含めると、ローガンの生涯成績は、350勝以上、2000奪三振、2500安打、350本塁打、500盗塁を記録したことになる」と評している。

1905年にキューバで生まれたマーティン・ディーゴも、同リーグを代表する二刀流だった。二桁勝利、二桁本塁打は記録していないが、投手と捕手を含むすべてのポジションを守り、右打者登録だが左打席で打つこともできる「スーパー万能選手」だった。MLBでプレーする機会は残念ながらなかったが、母国のキューバリーグ、メキシコのメキシカンリーグなどでも活躍した。

１９３０年代に同リーグのニューアーク・イーグルスでプレーしていたレオン・デイも、優れた二刀流として評価されている選手だ。

イーグルスでプレーした後にMLBのニューヨーク・ジャイアンツに入団し、１９５１年にナショナルリーグの打点王に輝いたモンテ・アービンは、「今まで見てきた選手の中で最も完成度の高い選手だ。私はデイより優れたアスリート、デイより優れた野球選手を見たことがない」と語っていた。

ちなみにアービンは、ジャッキー・ロビンソンよりも早くブランチ・リッキーにスカウトされたアフリカ系アメリカ人である。アービンは「私のレベルでは、時期尚早です」とその時点では誘いを断り、後にMLBデビューを果たすが、もしかするとアービンが人種の壁を最初に破った選手になっていたかもしれない。ジャイアンツ時代の背番号20は、２０１０年６月26日にサンフランシスコ・ジャイアンツの永久欠番に指定された。

同リーグで二刀流として活躍したローガン、ディーゴ、デイは、功績が評価されMLBの殿堂入りを果たしている。

悲運の二刀流選手、アンキール

大谷翔平がＭＬＢデビューを果たす以前に、ベーブ・ルースが比較対象者として語られた選手は一人しかいない。その選手とは、１９９９年8月23日にセントルイス・カージナルスでＭＬＢデビューを果たしたリック・アンキールである。

１９７９年7月19日、フロリダ州フォートピアスで生まれたリチャード・アレキサンダー・アンキール。幼少期から野球を始め、リトルリーグに入団するが、アンキールいわく「チームで一番、背が低く、上手な選手ではなかった」そうだ。14歳のときに野球を辞める決心をするが、父親に激しく怒られ、仕方なく野球を続けた。

地元のポート・セントルーシー高校に進学して野球部に入部したが「ＭＬＢの選手になれるなんて、想像もしていなかった」。当時の監督ジョン・メッシーナも「平均的な高校生。特別なものは何もなかった」と回顧している。

しかし、高校3年生になると身長が一気に伸び、最速１４５キロを超え、次第に注目が集まるようになる。18歳になると最速１５６キロを投げる、高校生ナンバーワン左腕へと成長した。

アンキールは「投げる試合にはすべてＭＬＢのスカウトが来ていたし、マイアミ大学からは奨学金の申し出もありました。自分がプロの世界に入れるチャンスがあることに気づきました」と振り返る。

アンキールが投げる試合には父親も必ず観戦に訪れていたが、スタンドで酔っぱらいながら大声で息子を叱責《しっせき》する姿が、度々問題となっていた。

1997年ドラフトでカージナルスの2位指名を受けてプロ入り。高卒1年目の選手は、人生で初めて親元を離れて生活するために精神的に不安定になり、成績を残せないケースが圧倒的に多いが、アンキールは1年目からマイナーで好成績を記録した。その要因は「父親と離れて生活することを望んでいたから」と言われている。

アンキールは、挫折《ざせつ》を経験することなく順調に成績を残し、19歳でMLBデビューを飾った。当時カージナルスのマイナーで選手育成ディレクターを務めていたマイク・ヨルゲンセンは、「リックにとっては、すべてが早すぎた。マイナーで逆境や挫折を経験せずにメジャーに昇格すると、メジャーで逆境に陥ったときに対処することが難しくなる」と回顧した。

2000年、開幕ローテーションに入ったアンキールは、11勝7敗、防御率3・50、打者としても2本塁打を記録して新人王投票2位の活躍を見せた。地区優勝を果たしたカージナルスは、アトランタ・ブレーブスとのディビジョンシリーズに進出。第1戦の先発に指名されたのは20歳のアンキールだった。2回までは、2四球、無失点だったが、3回に入ると突如制球を乱し、この回だけで4四球、5暴投、被安打2、4失点で降板した。

チームは勝ち上がり、ニューヨーク・メッツとのリーグチャンピオンシップ第2戦に先発したアンキールは、初回に3四球、2暴投で降板。第5戦に調整登板を兼ねた敗戦処理で7回にリリーフ登板するが、2四球、2暴投で降板する。

実は2000年シーズン中に両親が離婚。アンキールの父親は、強盗や拳銃《けんじゅう》の不法所持などで14回逮捕され、6回有罪判決を受けた札付きのワルで、00年当時は、麻薬密輸の罪で実刑判決が下っていた。アンキールがマウンドで苦しんでいるときに、父親は刑務所に収監されていたのだ。様々なストレスとプレッシャーで「イップス」を発症していた。「何を考えていたかもわからない。投げる前に頭が真っ白になり、ボールを投げることができなくなっていた」と振り返っている。

2001年、開幕ローテーション入りを果たしたが、制球力が定まらずに6先発、防御率7・13でマイナー降格。ルーキーリーグまで落ちたアンキールは、登板日以外に指名打者として出場。ルーキーリーグでは41試合出場で2割8分6厘、10本塁打、投げては5勝

３敗、防御率１・33を記録した。

２００２年は「トミー・ジョン手術」で全休。03年、マイナーで実戦復帰。

２００４年９月にメジャー昇格。リリーフ登板で５試合に投げたアンキールは、制球難を克服したように見えたが、「投げる前にウォッカを飲むなど色々なことをしたが、本来の姿には戻れないと思った」と語り、05年から打者転向を決断。

２００７年にマイナーリーグ最高峰の３Ａで32本塁打を記録したアンキールは、同年８月９日、本拠地ブッシュ・スタジアムでおこなわれたサンディエゴ・パドレス戦で、２番右翼手でスタメン出場。外野手としてＭＬＢ再デビューを飾った。

１回裏の第１打席、バッターボックスにむかうアンキール。４万２８４８人の観衆は、「帰ってきた悲運の若き左腕」に盛大な歓声を贈り続けた。その試合でアンキールは、７回に本塁打を記録。投手としてＭＬＢ初本塁打を記録して、野手転向後にあらためて本塁打を記録したのは、ベーブ・ルースと、１９４７年のクリント・ハートゥング以来、ＭＬＢ史上３人目の快挙となった。

打者としてＭＬＢ復帰を果たしたアンキールは、カンザスシティ・ロイヤルズ、ブレーブス、ワシントン・ナショナルズ、ヒューストン・アストロズ、メッツでプレーをして２

013年に現役引退。引退後はナショナルズのマイナーで「ライフ・スキル・コーディネーター」として、マイナーの若い選手に対して精神面でのサポートを行っていた。18年に投手として現役復帰を目指すことが発表されたが、再び左肘《ひじ》を故障して、19年7月30日に2度目の引退となった。

アンキールは投手として実働4年間で51登板、41先発、13勝10敗1セーブ、防御率3・90。打者として実働11年間で653試合、2割4分0厘、76本塁打、251打点を記録した。

通算で10勝、70本塁打以上は、大谷が記録するまで、ベーブ・ルースとリック・アンキールの2人しか記録していない偉業だった。

アンキールは大谷の活躍に「彼がフィールド上でできないことは何もない。彼が出る試合はテレビに釘付《くぎづ》けになる。彼を初めて見た子どもたちは、裏庭で大谷のように打ち、大谷のように投げ、二刀流を目指すと思う。本当に素晴らしいことだ」と語っている。

MLBとNFLの二刀流

ベーブ・ルース以後、大谷翔平以前のMLBで、「二刀流」とは投手兼打者を表す言葉ではなかった。二刀流とは、野球とアメリカンフットボール、野球とバスケットボールなど、二つの異なるスポーツを極めた選手に対して使われる表現だった。その時代に二刀流の代名詞として大活躍したのが、アメリカプロスポーツ史上に名を残すボー・ジャクソンである。

１９６２年11月30日、アラバマ州ベッセマーで10人兄弟の８番目として生まれたビンセント・エドワード・ジャクソン。幼少期から活発に行動する彼に家族は、「イノシシ」という愛称を付けた。この愛称が「ボー」の由来となる。小さな空港が家の近くにあったことから、「飛行機が飛んでいるのを見るのが好きだった。飛行機が飛んでいないときにスポーツをしていた」とジャクソンは語った。

幼少期から身体が大きく、常に６歳以上離れた子どもたちと遊んでいたジャクソンは、「他の子どもたちより体格的に恵まれていると気がついたときから、スポーツに対して自信が持てるようになった」と振り返る。

地元のマッカラ高校に進学する頃には、スポーツのスーパーアスリートに成長していたジャクソンは、アメリカンフットボールではランニングバック、野球では投手、遊撃手、外野手としてプレーした。陸上競技では、十種競技で高校在学時代に２度、アラバマ州王者に輝いている。身体能力の高さを証明するエピソードとして「棒高跳びの練習を1日だけやって、翌日出場した棒高跳びの大会で州チャンピオンになった」という逸話も残っている。

1982年のドラフトでヤンキースから2位指名を受けたジャクソンだが、「ヤンキースは私から教育を受ける権利を奪い取ろうとしている」と入団を拒否し、アメリカンフットボールの奨学金を貰《もら》いオーバーン大学に進学した。大学進学後、ランニングバックとして大活躍を見せたジャクソンは、85年に大学アメリカンフットボール界最高の賞「ハイズマン・トロフィー」を受賞した。

同じ年に、野球では42試合出場、4割0分1厘、17本塁打、43打点を記録している。そして、陸上競技では100メートルでオリンピック代表候補選手に選ばれ、陸上選手としてのキャリアを真剣に考える時期もあったが、「野球やアメリカンフットボールのように経済的な成功の保証が不確かである」という理由で陸上専任は断念した。大学時代のジャクソンはアメリカンフットボールのスーパースターとなり、野球では当時のスカウトが「素質は十分あるが、大学4年間で合計90試合しか出場していない。野球の経験値が大幅に不足している」とコメントしている。

１９８６年、ＮＦＬのドラフトでタンパベイ・バッカニアーズが全体1位でジャクソンを指名。しかし、ドラフト1ヶ月前に、バッカニアーズのオーナー、ヒュー・カルバーハウスが自身のプライベート飛行機で、ジャクソンをタンパへ連れて行き、施設見学や身体測定を行った行為が、全米体育協会（ＮＣＡＡ）の規定に接触することが判明。

ＮＣＡＡの承認を受けて訪問していると聞かされていたジャクソンは、嘘をつかれていたことに激怒して、ドラフト前に「タンパベイが私を指名したければすればいい。しかし、指名すればタンパベイは貴重なドラフト指名権を失うことになる」と声明文を発表。強行指名したタンパベイは、当時ドラフト史上最高額となる5年７６０万ドルを提示したが、宣言どおり契約を拒否。同年行われたＭＬＢドラフトでカンザスシティ・ロイヤルズから4位指名を受けて、3年１０７万ドルで契約した。

１９８６年9月2日、本拠地ロイヤルズ・スタジアムでのホワイトソックス戦。6番右翼手でＭＬＢデビューを飾ったジャクソンは、2回裏、ＭＬＢ初打席初安打となる内野安打を記録した。9月14日、本拠地でのシアトル・マリナーズ戦に7番右翼手でスタメン出場したジャクソンは、4回裏の第2打席で左中間スタンドに突き刺さるＭＬＢ初本塁打を放った。

2年目となった1987年は、左翼手のレギュラーポジションを獲得して、116試合、2割3分5厘、22本塁打、53打点を記録。この年のNFLドラフトでロサンゼルス・レイダースから7位指名を受けた。レイダースの名物オーナー、アル・デービスから、「野球のシーズンが終わる10月からプレーすればいい」と口説かれたジャクソンは、レイダースと契約を交わした。北米4大スポーツ史上最高のアスリートが誕生した瞬間だった。

MLBとNFLで活躍するジャクソンは、1989年のMLBオールスターゲームで最多得票を獲得して初選出され、アメリカンリーグ1番左翼手でスタメン出場を果たす。1回裏、センターバックスクリーンに突き刺さる推定飛距離137メートルの特大先頭打者本塁打を記録。その後、守備でも好プレー、攻撃でも勝利打点となる内野安打を記録する大活躍を見せ、MVPを獲得した。この試合で盗塁を記録したジャクソンは、60年にヤンキー・スタジアムで行われたオールスターゲームで、ウィリー・メイズが記録して以来、史上2人目となるオールスターゲームで1本塁打、1盗塁を記録した選手となった。

そして、このオールスターゲームの中継中に流された1本のCMが、ジャクソンの人気を世界中に広めることとなる。ジャクソンが特大の本塁打を記録した1回裏終了後、アメリカのテレビ中継はCMに入った。

最初に流されたＣＭは、ジャクソンが野球をプレーするシーンで始まり、名選手のカーク・ギブソンが「ボーは野球を知っている」とコメント。次に、ＮＦＬのフィールドに立つジャクソンが映し出され、名ＱＢのジム・エベレットが「ボーはフットボールを知っている」。その後、ジャクソンがバスケットボール、テニス、アイスホッケーをプレーするシーンが流れ、マイケル・ジョーダン、ジョン・マッケンローなどが、「ボーはすべてを知っている」とコメントしてＣＭが終了。

このＣＭは大手スポーツメーカー、ナイキが制作したクロストレーニングシューズの広告で「ボー・ノウズ」のタイトルが付けられ世界中で有名になった。そのＣＭの第１回目の放送が、ジャクソンの本塁打の直後だったことは、アメリカ広告業界の伝説となっている。

１９８９年は32本塁打／26盗塁、90年も28本塁打／15盗塁を記録。その間、ＮＦＬでも活躍を続けたジャクソンは、ＮＦＬのオールスターゲームであるプロボウルにも選出されている。ＭＬＢとＮＦＬの両方でオールスターに選出された選手は、現在もボー・ジャクソンが唯一である。しかし、輝かしい二刀流の活躍に終止符を打つ悲劇が突然訪れた。

大怪我を乗り越えて

1991年1月13日、NFLのプレーオフ、レイダース対シンシナティ・ベンガルズ戦で、ジャクソンは後方から強烈なタックルを受けて、左股関節脱臼《こかんせつだっきゅう》に加え腰骨を1本骨折する重傷を負った。負傷した際に左股関節周辺の血管にも大きな損傷が確認され、ジャクソンは左股関節に人工関節を入れる手術を受けることとなった。

この事態を重く受け止めたロイヤルズは、1991年3月18日にジャクソンとの契約を解除した。しかし、ジャクソンは球界復帰を目指して懸命なリハビリを開始。「目標を高く設定して、そこに到達するまでは、決して立ち止まらない」と語った。

4月3日、ホワイトソックスのオーナー、ジェリー・ラインズドルフは、「ボーはすべての試合に出場する必要はなく、まずは故障を治すことが必要。無理することはない」と声をかけ、最低保証年俸1年70万ドルの3年契約に加えて、3年総額815万ドルの出来高が付く契約で合意した。リハビリを続け、マイナーで6試合の実戦調整を行ったジャクソンは、9月2日本拠地での古巣ロイヤルズ戦、6番指名打者で復帰を果たした。

1月13日の大怪我から驚異的な回復を見せたジョンソンは、「股関節や腰に問題はありません。以前と同じようにプレーできます。私は走ることもできます。ただし、私はもうフィールドで最速の選手ではなくなりました」と話した。

しかしその後、左臀部《でんぶ》を痛めて手術を行い、1992年は全休となった。リハビリ中にジャクソンは、末期癌《がん》で闘病中だった母フローレンスに「お互い頑張ろう。僕が復帰したらママのために必ず本塁打を打つから」と約束した。

1993年、開幕4戦目となる4月9日。本拠地でのヤンキース戦の6回裏、2アウト走者なし、代打で復帰初打席をむかえたジャクソンは、相手投手ニール・ヒートンの2球目を強振。打球は低い弾道でライトスタンド上段に突き刺さる本塁打となった。ジャクソンは「打った瞬間、本塁打になると確信した」と語り、見事に母フローレンスとの約束を復帰初打席で果たしたが、残念ながら息子の本塁打を見ることなく、フローレンスは92年暮れに他界していた。

試合後、本塁打のボールを拾ったファンに自身のサイン入りバットを贈り、ボールを回収したジャクソンは、うっすらと涙を浮かべながら「母との大切な約束が詰まったボールだ。このボールは一生大切に飾っておく」とコメントした。1993年に16本塁打を記録したジャクソンは、アメリカンリーグのカムバック賞を受賞した。

1994年、FAとなりカリフォルニア・エンゼルスと契約。8月10日、本拠地でのロイヤルズ戦に6番左翼手でスタメン出場を果たす。9回裏に回ってきた最終打席でレフト前ヒットを記録。その2日後、MLBが未曾有《みぞう》のストライキに突入したことで、ジャクソンにとって8月10日が現役最後の試合となった。32歳で引退を決意したジャクソンは、「私が1000万ドルの契約オファーを受けるよりも、私が引退を決めたことの方が、家族は幸せに感じてくれている」と話した。

引退後、ジャクソンは病床の母と交わしたもう一つの約束、「引退したら大学に戻り、勉強して学士になりなさい」を果たすためにオーバーン大学に戻り、1995年12月に理学士を修得した。

「野球やフットボールの試合は、何十年も見ていない」と語るジャクソンは、メディアの出演依頼を断り続け、人前に出ることも極力避け、臨床心理学者の妻リンダとともに静かな生活を送っている。

もし、不幸な怪我がなければ、ボー・ジャクソンは二刀流としてどのくらい活躍したのか、今でもファンの興味は尽きていない。

ジャクソンが切り開いた二刀流の可能性は、1989年にMLBニューヨーク・ヤンキースとNFLアトランタ・ファルコンズでデビューを飾ったディオン・サンダースに受け継がれていく。ジャクソンが唯一、MLBとNFLのオールスターに選出された選手ならば、サンダースは唯一、MLBのワールドシリーズとNFLのスーパーボウルに出場した選手となった。ジャクソンは「野球は仕事でフットボールは趣味」、サンダースは「フットボールは本妻であり、野球は恋人」と二刀流を称していた。

ボー・ノウズ・ノウ――。

ボー・ジャクソンのことは、ジャクソン本人にしかわからない。

オオタニ・ノウズ・ノウ――。

大谷翔平のことは、大谷本人にしかわからない。

2人が成し得たことは、まさに「前人未到」。

人々の理解の範疇《はんちゅう》を超えた存在なのである。

米大学球界、二刀流の称号「ジョン・オルルド賞」

幼少期に野球を始めた際、一番上手い子どもは投手を任せられることが多い。その後、適性を見ながら各ポジションに分かれて成長していく。日本よりもポジションが流動的なアメリカでは、高校でも大学でも、投手兼遊撃手、投手兼外野手、投手兼内野手兼外野手など、多くの選手が複数のポジションを経験している。大学では複数のポジションを守る選手は減るが、高校レベルでは投手を中心に兼任している選手が数多く存在する。

2023年以降に、外野手兼リリーフ投手を目指すことを公言しているボストン・レッドソックスのレギュラー外野手のアレックス・ベルドゥーゴも、高校時代は最速158キロの豪腕左腕兼外野手だった。高校卒業時点でロサンゼルス・ドジャースからドラフト指名を受けたベルドゥーゴは、「スカウトから、投手ではなく打者として育成していくと言われたので、投手を続けることは考えもしなかった。レッドソックスに移籍して、大谷の活躍を見て、もう一度、二刀流でプレーしたいと思うようになった」と語っている。

現役最強捕手と称されるフィラデルフィア・フィリーズのJ・T・リアルミュートも、高校時代は強打の捕手兼クローザーを務めていた。「僕には大谷のようにプレーすることはできないが、大谷の活躍で二刀流を目指す選手は、増えていくだろう」と語っている。

大谷のチームメイト、マイク・トラウトも、高校時代は投手から始まり、遊撃手、そして外野手と様々なポジションを経験している。25年近くＭＬＢ取材をしてきた私の感覚では、高卒のＭＬＢ選手は、ほぼ全員が投手兼野手の二刀流を経験している。

大学球界ではＭＬＢ同様に「大谷ルール」が採用されているので、ＮＣＡＡのディビジョン１に所属する有名強豪大学では、ほとんどのチームに二刀流の選手が存在する。カレッジワールドシリーズ（全米大学野球選手権）で最多となる12回の優勝を誇る南カリフォルニア大学では、２０２３年シーズンは２人の二刀流選手が登録されている。

過去の大学球界で最も有名な二刀流選手だったのが、シアトル・マリナーズ時代にイチローとプレーした経験を持つジョン・オルルドである。高校時代から投手兼一塁手として有名だったオルルドは、地元のワシントン州立大学に進学後も投手兼一塁手としてプレーしていた。大学１年生では打者として４割１分４厘、５本塁打、20打点。投手では８勝２敗、防御率３・00を記録。大学２年生のときには、打者として４割６分４厘、23本塁打、81打点。投手ではシーズン無敗となる15勝０敗、防御率２・49を記録した。

順調に大学生活を送っていたオルルドだったが、大学３年生の１９８９年１月11日、室内練習場でランニング中にくも膜下出血で倒れ、緊急手術を受けて２週間入院。

退院後、チームに復帰したオルルドは、その後も二刀流でプレーを続け、同年のドラフトでトロント・ブルージェイズから3位指名を受けてプロ入りを果たす。大学球界一の二刀流は、早くからドラフト1位候補として注目を集めていたが、健康問題を理由に指名回避が続き3位指名となった。

指名を強行したブルージェイズの判断は正しく、オルルドは1965年に現行のドラフト制度が導入されて以降、マイナーを経験せずいきなりのMLBデビューを飾った。これは史上17人目の快挙だ。オルルドは実働17年間で、2239安打を記録して2006年に引退。マイナー経験は、05年にリハビリのためにプレーしたわずか3試合しかなかった。

首位打者1回、ゴールドグラブ3度、オールスター選出2回、サイクル安打2回など一時代を築いた名一塁手だったが、大学時代のような二刀流でのプレーはまったくなかった。オルルドの引退後、NCAAは、二刀流で優れた選手に贈る新たな賞として「ジョン・オルルド賞」を2010年に制定した。

歴代受賞者たちはMLBで活躍できたのか？

栄えある第1回の受賞者は、フロリダ州立大学のマイク・マギー中堅手兼投手だった。

マギーは２０１１年ドラフトでマリナーズから15位指名を受けてプロ入りし、外野手専任となったがプロ生活はわずか3年で終わった。

第2回の受賞者は、バージニア大学のダニー・ハルツェン投手兼一塁手。大学球界を代表する左腕投手として２０１１年ドラフトでマリナーズ1位指名、全体でも2位という高評価でプロ入りも、左肩の度重なる故障で、ＭＬＢデビューを飾れたのは19年のカブス時代。ＭＬＢでの実績はわずか6試合に終わった。

第3回の受賞者は、フロリダ大学のブライアン・ジョンソン投手兼一塁手。２０１０年に日本で開催された世界大学野球選手権に、アメリカ代表として来日。12年ドラフトでレッドソックスから1位指名を受けてプロ入りを果たす。プロ入り後は投手専任で15年にＭＬＢデビュー。18年の38試合登板が自己最多となり、19年を最後にＭＬＢでの登板はない。

第4回の受賞者はゴンザガ大学のマルコ・ゴンザレス投手兼一塁手。２０１３年に投手として7勝3敗、防御率2・80。打者では3割1分1厘、2本塁打、26打点を記録してジョン・オルルド賞を受賞。その年のドラフトでセントルイス・カージナルスから1位指名を受けてプロ入りし、14年にＭＬＢデビュー。17年7月21日、トレードでマリナーズへ移籍。移籍後は技巧派左腕として活躍し、18年に13勝を挙げる。19年3月20日、東京ドームで行われたオークランド・アスレチックスとの開幕戦で自身初となる開幕投手を務め、シーズン16勝を記録した。現在でもマリナーズの先発投手として活躍している。

第5回の受賞者はケンタッキー大学のＡＪ・リード投手兼一塁手。大学3年間で投手として46登板、35先発、19勝13敗、防御率2・83。打者では１７６試合、３割０分６厘、40本塁打、１６８打点を記録。大学3年時には全米最多となる23本塁打を記録し、アストロズの2位指名を受けてプロ入り。プロ入り後は打者専任となり、２０１６年にＭＬＢデビュー。その後、ホワイトソックスに移籍し、20年3月4日に26歳で引退を発表した。

第5回までの受賞者は、マイク・マギーとＡＪ・リード以外は、投手としての実力を評価されてプロ入りしたために二刀流での実績はないが、第6、7、8回と、大学1年生からドラフト指名を受ける大学3年生まで3年連続でジョン・オルルド賞を受賞した、ルイビル大学のブレンダン・マッケイ投手兼一塁手の登場で、二刀流誕生の機運は一気に高まった。

大学1年時代は投手として9勝3敗4セーブ、防御率1・77。打者では3割0分8厘、4本塁打、34打点。大学2年時は投手として12勝4敗、防御率2・30。打者では3割3分

3厘、6本塁打、41打点。この年に日米大学野球選手権のアメリカ代表として来日している。

大学3年時は投手として11勝3敗、防御率2・56。打者として3割4分1厘、18本塁打、57打点を記録し、ジョン・オルルド賞に加えて、大学球界のMVP「ディック・ハウザー賞」、全米のアマチュア選手のMVP「ゴールデン・スパイク賞」など、取れる賞は総なめにした。

大学球界一の二刀流として、2017年のドラフトでタンパベイ・レイズから1位指名、全体でも4位となる高評価を受けてプロ入りを果たす。契約金も破格の700万ドルだった。17年ドラフトでは、コミッショナーのロブ・マンフレッドが「一塁手、ブレンダン・マッケイ」と読み上げた際に、レイズは「投手兼一塁手」と訂正した。指名当時のGMエリック・ニアンダーは、「野手としても投手としても、最高の素質と実力を持っている。我々は二刀流としてチャンスを与えるつもりだ」とコメント。大谷翔平が二刀流としてMLBデビューを飾る1年前のことである。

1965年に導入された現行のドラフト制度で、二刀流の可能性がある選手がドラフト全体5位以内に指名を受けたのは、73年ドラフトでパドレスが全体4位で指名したデイブ・ウィンフィールド以来である。当時のウィンフィールドは、MLB以外にも、NBAのアトランタ・ホークス、NFLのミネソタ・バイキングスからドラフト指名を受けたスーパーアスリートである。プロ入り後、外野手専任として活躍したウィンフィールドは、実働22年間で3110安打、465本塁打を記録して2001年に殿堂入りを果たしている。

ドラフト指名直後、マッケイは「投げることも打つことも大好きなので、プロでも二刀流を目指す。体調管理をしっかりできれば、両方でプレーできると思う」とコメント。GMのニアンダーは、「マッケイが、明確な意志と計画的なプロセスを持った初めての二刀流選手になる」と明言した。

2017年、プロ1年目はマイナー1Aハドソンバレーで、投手として6先発、1勝0敗、防御率1・80。打者では42試合、2割3分2厘、4本塁打、22打点を記録。

2018年はマイナー1Aとルーキーリーグで、投手として19登板、17先発、5勝2敗、防御率2・41。打者では75試合、2割1分4厘、6本塁打、39打点を記録。

2019年はマイナー最上位の3Aと2Aで、投手として15登板、13先発、6勝0敗、防御率1・10。打者では58試合、2割0分0厘、5本塁打、19打点を記録して「フューチャーズゲーム」に二刀流として初選出された。

そして、シーズン中盤となる6月28日にＭＬＢ初昇格。

6月29日、本拠地トロピカーナ・フィールドでのテキサス・レンジャーズ戦。先発投手としてＭＬＢデビューを飾ったマッケイは、5回終了時点まで完全試合の好投を見せ、6回被安打1、3奪三振、1四球、無失点で初先発初勝利を飾った。デビュー戦で5回1／3まで完全試合はレイズの新記録となる。試合後、マッケイは「緊張したが、深呼吸を何度もして落ち着くことができた。力みすぎず、気負いすぎず、マイナーでの投球のように、いつもどおりの投球ができました」とコメント。レイズのケビン・キャッシュ監督も「見ていて楽しかった。とてもＭＬＢ初先発とは思えない。本当に落ち着いていた」と賛辞を贈った。

ＭＬＢ2試合目の出場は、7月1日、本拠地でのオリオールズ戦。8番指名打者でスタメン出場して4打数0安打だったマッケイだが、ＭＬＢ史上4人目の記録を残した。1913年以降、ＭＬＢデビュー2試合を投手と打者で消化した選手は、2018年大谷、1934年セネターズのシド・コーエン、15年にブラウンズで1試合だけ登板して、9年後にセネターズで外野手としてＭＬＢ2試合目出場を記録したカール・イーストしかいない。

その後、マッケイは8月1日のレッドソックス戦でMLB2勝目を記録。打者としては、9月15日、敵地エンゼル・スタジアムでのエンゼルス戦に出場し、8回表に代打で起用されMLB初安打を記録した。

9月22日、本拠地でのレッドソックス戦。9回裏に代打で起用され、ライトスタンドに突き刺さるMLB初本塁打を放った。

MLB1年目は、投手で13登板、11先発、2勝4敗、防御率5・14。打者では7試合、2割0分0厘、1本塁打、1打点を記録した。シーズン終了後、レイズは二刀流としての起用を継続することを決定。

新型コロナウイルスの世界的パンデミックの影響で開幕が遅れた2020年は、マッケイも新型コロナウイルスに罹患《りかん》した影響でシーズンの始動が遅れ、8月11日に練習を再開したが左肩に違和感を覚えた。検査の結果、8月18日に手術を受けて20年の全休が決まった。

2021年、リハビリのためにルーキーリーグで調整。その後、2Aと3AでMLB復帰を目指す調整を開始したが、投打ともに精彩を欠いた。再び違和感を覚えていた左肩の検査の結果、胸郭出口症候群の診断がくだり、2度目の手術を21年11月23日に受ける。

２０２２年は、身体にかかる負担を減らすために打者を封印し、投手としてのリハビリに専念するが、7月に今度は左肘を故障して、9月にトミー・ジョン手術を受けた。レイズは22年11月14日にマッケイをリリースしたが、12月15日に二刀流として2年間のマイナー契約を提示。再契約に合意した。大学時代の実績を考えるとマッケイは、ＭＬＢの世界でも十分に二刀流として活躍できると期待されたが、想像以上に厳しい結果となった。それだけに、二刀流としてスーパースターの活躍を見せる大谷翔平のすごさがより際立つ。

第9回ジョン・オルルド賞は、ステッソン大学のクローザー兼指名打者のブルックス・ウィルソンが受賞。大学3年時に全米最多となる20セーブを記録し、２０１８年ドラフトでブレーブスの7位指名を受けてプロ入りを果たす。プロ入り後はリリーフ投手としてプレー。ＭＬＢ未経験で現在もブレーブスのマイナーでプレーを続けている。

第10回はジョージア大学の三塁手兼クローザーのアーロン・シャンクが受賞。大学3年時にクローザーとして1勝2敗12セーブ、防御率2・49。打者では3割3分9厘、15本塁打、58打点を記録し、２０１９年のドラフトでコロラド・ロッキーズの2位指名を受けてプロ入り。プロ3年目となった22年は、２Ａで三塁手としてプレーした。

第11回はネブラスカ大学の遊撃手兼クローザーのスペンサー・シュウェレンバック。大学3年時にクローザー兼遊撃手の二刀流に転向。投手として3勝1敗10セーブ、防御率0・57。打者として2割8分4厘、6本塁打、40打点を記録。2021年のドラフトでブレーブスの2位指名を受けてプロ入りを果たす。21年7月19日、契約金100万ドルで契約後にトミー・ジョン手術を受けたためプロでの実働はないが、ブレーブスは遊撃手兼投手の二刀流として登録している。

第12回の受賞者は、空軍士官学校の捕手兼投手のポール・スケネス。1年生でジョン・オルルド賞を受賞したスケネスは、大学2年終了後の22年7月28日に、大学球界の名門強豪校ルイジアナ州立大学への転籍が発表された。23年ドラフトの注目選手として上位指名の期待が寄せられている。

大学球界でジョン・オルルド賞を獲得してプロ入りした選手たちだが、残念ながら今のところMLBでは、二刀流として目覚ましい活躍はできていないのが現実である。しかし、大谷の活躍で、二刀流を目指す選手は確実に増えていくだろう。

二刀流のこれから

2022年9月にアメリカのフロリダ州で開催されたU—18世界大会では、優勝したアメリカ代表に将来性豊かな二刀流の選手が出場していた。身長2メートル1センチのブライス・エルドリッジは、投手兼一塁手の登録で大会に出場し、投手として1勝0敗1セーブ、防御率0・00、打者として3割1分6厘、3本塁打、13打点を記録して大会MVPに輝いた。アラバマ大学への進学を予定しているが、近い将来、二刀流としてMLBドラフトで指名されることになるだろう。

アメリカ国内には、大学のような高いレベルまで二刀流でプレーを続けてきた選手が数多くいるので、アメリカのファンは、二刀流の難しさを日本のファンよりも身近に感じている。だからこそ、大谷の二刀流のすごさや苦労が、より理解されていると言えるだろう。

前人未到となる規定投球回、規定打席のダブルクリアを成し遂げた大谷は、「規定投球回数とか規定打席に強いこだわりはありません。野手兼先発、野手兼リリーフなど、いろいろな可能性が二刀流にはあるので、選手それぞれのスタイルに適した二刀流が、どんどん出てくることがベストだと思います」と語っている。

これからも、大谷のように二刀流として成功を遂げる選手が、さらに大谷とはまた違ったスタイルの二刀流で活躍する選手が見られる日が必ず来るだろう。

新たな二刀流の芽は、アメリカにはもちろん、世界中で確実に芽吹き始めている。

おわりに

メリーランド州ボルチモアのインナーハーバーエリアのエモリーストリート216番地にあるベーブ・ルースの生家には、何度かお邪魔したことがある。現在は「ベーブ・ルース生家博物館」になっている場所だ。ボルチモア・オリオールズの本拠地カムデンヤードから、西に3ブロック。歩道に書かれたボールのマークを「第1号」「第2号」「第3号」……と辿《たど》って行き、「第60号」まで来ると、そこがベーブ・ルースの生家だ。

一度だけ、ベーブ・ルースに会いに行ったことがある。

2014年7月7日。7月4日の独立記念日のパーティームードが色濃く残る、ニューヨーク州マンハッタンから、北に向けて車を走らせる。高層ビルを抜け、セントラルパークを過ぎると、車窓の景色は世界一の大都市ニューヨークから、どこにでもある郊外の風景へと変わっていく。

マンハッタンの中心、グランドセントラル駅から北に約40キロ。車を1時間ほど走らせたところに、ニューヨーク州ウエストチェスター郡ホーソーンはある。目的地はホーソーンの小高い丘に広がる「ゲート・オブ・ヘブン・セメタリー」である。

広大な敷地には20万人以上が埋葬されている。目指す場所は、セクション25、プロット1115、墓地ナンバー3番と4番。そこに、ベーブ・ルースと2番目の妻クレアが眠っている。

1976年に亡くなったクレアは、ルースの記録を更新するロジャー・マリスの61本塁打、ハンク・アーロンの715本塁打を見届けている。アーロンがルースの通算本塁打記録を更新したときには、「ルースは野球を愛していました。彼が生きていたら『ヘンリー、俺の本塁打記録を塗り替えろ』と、間違いなくアーロンを応援していたと思います」と語っていた。

ルースの墓には、キリストに頭を撫《な》でられている少年時代のルースの姿が彫刻されている。独立記念日直後だったためか、ルースの墓の前には小さな星条旗と献花が数多く置かれていた。墓地の関係者に話を聞くと、今でも多くのファンがルースの墓に花を手向けに来るので、途切れることはほとんどないそうだ。

近いうちにもう一度、ルースに会いに行き、大谷翔平の活躍を伝えたいと思う。

アメリカスポーツ版の二刀流でセンセーショナルな活躍を見せたボー・ジャクソンは、こんな言葉を残している。

「自分のプレーをさせてくれ。私のキャリアを1、2シーズン見ただけで総括しないでくれ。すべてが終わったら、私のキャリアがどうだったか、好き勝手に話してくれ」

残念ながらジャクソンのキャリアは怪我により、記録よりも記憶に残る選手となった。

大谷の「すべてが終わったとき」は、どのようなキャリアになっているのか、想像することさえ難しい。ただ言えることは、大谷本人も、多くのファンも望んでいるように、私も、「ヒリヒリとした環境」で二刀流をプレーする大谷の姿が見たい。

ルースは、ボストン・レッドソックス時代に3回、ニューヨーク・ヤンキース時代に4回、ワールドシリーズを制覇している。ルースは、「チーム全体がどのようにプレーするかが、チーム全体の成功を左右する。世界最高峰のスターがチームに揃っていても、勝てなければ、そのチームは一銭の価値もない」と語っていた。

ワールドシリーズ第7戦、二刀流でスタメン出場し、投げて、打って、チームを世界一に導く大谷翔平が見たい。本人もその場面を望んでいる。

後に続く、若い選手たちにも殿堂入りの喜びを感じてほしい。そして、年配の方には、ここに来て、私のキャリアを思い出してほしい。私は懸命に働き、野球にすべてを捧《ささ》げてきた。次世代を作る若い選手たちよ、一生懸命働き、野球に取り組んでくれることを願っています。

（1939年6月12日　ベーブ・ルースの野球殿堂入りスピーチより　拙訳）

ルース以来、104年ぶりに二桁《けた》勝利、二桁本塁打を記録した大谷。ルースが語った「一生懸命働き、野球に取り組む」という言葉を直接聞いていたかのように真摯《しんし》に野球と向き合う大谷だからこそ、ルース以来の記録を達成できたのだろう。

しかし、大谷の二刀流は、ルース以来史上2人目の快挙達成で終わったわけではない。むしろ通過点である。大谷が思い描く二刀流の完成形は、2022年以上のパフォーマンスをすることはもちろん、その視線はさらなる高みへと向けられている。もしかすると大谷本人ですら、未だに完成形の姿がわからないのかもしれない。なぜならば、120年を誇るMLBの長い歴史上、誰一人、完璧《かんぺき》な二刀流でプレーを続けた選手はいないのだから。

単一シーズンの記録とはいえ、「球聖」ベーブ・ルースの記録に並んだ以上、2023

年以降は、比較対象者がいなくなる。これからは、大谷翔平の記録を大谷翔平が自ら超えていくしかないのである。これからの1本塁打、1勝、1奪三振が、新しい時代、これからのMLBの歴史を築いていくことになる。

大谷翔平に望むことは、ただ一つ。

これからも体調を維持して、幸運が訪れますように。

最後に、ベーブ・ルースの言葉で締めたいと思う。

野球は私にとって世界最高のゲームだった。今も、これからもそうである。

――ジョージ・ハーマン・「ベーブ」・ルース・ジュニア

（ベーブ・ルース公式HP　baberuth.com　より　拙訳）

2023年3月

AKI猪瀬

主な参考文献

伊東一雄『メジャー・リーグ紳士録』ベースボール・マガジン社、１９９７年

伊東一雄『メジャーリーグこそ我が人生―パンチョ伊東の全仕事』産経新聞ニュースサービス、２００３年

『メジャー・リーグのすべてがわかるアメリカン・ベースボール―伝説の男たちの記録』日経ナショナルジオグラフィック社、２００２年

ベースボールマガジン編集部編『週刊ベースボール　１９７８年６月25日増刊号　米大リーグ輝ける１世紀　その歴史とスター群像』ベースボール・マガジン社、１９７８年

ベースボールマガジン編集部編『週刊ベースボール１９８３年10／８増刊号 米大リーグ１００人の群像』ベースボール・マガジン社、１９８３年

『日米野球１００年―メジャー・リーグのすべて』毎日新聞社、１９９６年

Editors of Sports Illustrated, *Sports Illustrated the Baseball Book*, Time Home Entertainment,2006

John A.Mercurio, *Babe Ruth's Incredible Records and the 44 Players Who Broke Them*, Spi Books,1993

Major League Baseball,Bill Felber, *125 YEARS OF PROFESSIONAL BASEBALL*, Triumph Books,1994

Ron Smith, *Baseball's 100 Greatest Players: Secoond Edition*, Sporting News,2005

One Hundred Years-New York Yankees-The Official Retrospective, Ballantine Books,2003

本書は書き下ろしです。

本文中のコメント、引用等は著者が訳しています。

本文中にある「ニグロ」「カラード」は、当時も特定人種を差別的に扱った言葉であり、現在も人種差別用語と認知されています。今日の人権擁護の見地に照らして不適切であり、使用すべき言葉ではありません。本書では、当時のアメリカ球界で正式名称として使用されていたため、当該リーグを指す際にのみ、歴史的用語としてやむなく使用していますが、このリーグ名自体が非白人の人々を不当に差別した用語であり、当時のアメリカ社会、アメリカ球界の差別的な状況を示していることを読者諸氏には理解していただきたく存じます。

AKI猪瀬（あきいのせ）
1970年生まれ。栃木県出身。89年にアメリカへ留学。MLBについての研究をはじめ「パンチョ伊東」こと伊東一雄に師事。現在はMLBジャーナリストとしてJ SPORTS、ABEMA等に解説者として出演。流暢な英語を交えた独自の解説スタイルには定評があり、出演本数は年間150試合におよぶ。東京中日スポーツで20年以上コラムを執筆するなどスポーツライターとしても活動中。著書に『メジャーリーグスタジアム巡礼』がある。

大谷翔平《おおたにしようへい》とベーブ・ルース

2人《ふたり》の偉業《いぎよう》とメジャーの変遷《へんせん》

AKI猪瀬《あきいのせ》

2023年 4月10日　初版発行

発行者　山下直久
発　行　株式会社KADOKAWA
〒102-8177　東京都千代田区富士見2-13-3
電話　0570-002-301（ナビダイヤル）
装 丁 者　緒方修一（ラーフイン・ワークショップ）
ロゴデザイン　good design company
オビデザイン　Zapp!　白金正之
印 刷 所　株式会社暁印刷
製 本 所　本間製本株式会社

角川新書

ISBN978-4-04-082468-0 C0295